Hocine Zaaboub

Livret I La Dernière Génération II (ou avatar

Hocine Zaaboub

Livret I La Dernière Génération II (ou avatar

La longue marche des tortues argentées vers l'ultime destination en atlantique –Sud

Éditions Muse

Imprint
Any brand names and product names mentioned in this book are subject to trademark, brand or patent protection and are trademarks or registered trademarks of their respective holders. The use of brand names, product names, common names, trade names, product descriptions etc. even without a particular marking in this work is in no way to be construed to mean that such names may be regarded as unrestricted in respect of trademark and brand protection legislation and could thus be used by anyone.

Cover image: www.ingimage.com

Publisher:
Éditions Muse
is a trademark of
Dodo Books Indian Ocean Ltd. and OmniScriptum S.R.L publishing group

120 High Road, East Finchley, London, N2 9ED, United Kingdom
Str. Armeneasca 28/1, office 1, Chisinau MD-2012, Republic of Moldova, Europe
Printed at: see last page
ISBN: 978-620-4-96548-2

Document U2 7.0

Mme, Mr

Je me permets de vous envoyer ce manuscrit comprenant 02 essais - nouvelles qui relatent les péripéties de la vie d'un personnage (un peu réel et surtout imaginaire), qui se trouve projeter dans une situation absurde (réelle ou imaginaire) qu'il ne manque pas d'appréhender avec un certain cynisme et une nonchalante philosophie car il va vivre deux expériences de vie dans une seule trajectoire mais dans différents lieux et différentes situations.

Alio : personnage réel

U2 7.0 : (U deux sept point zéro) transposition virtuelle du personnage réel.

JED : extension et transposition d'Alio qui traine dans son sillage un avatar virtuel U2 7.0 (U deux sept point zéro). Le récit de JED est plus proche d'une réalité extensible car il tire son argumentation de certains faits réels ou qui néanmoins peuvent le devenir.

Je vous souhaite bonne réception.

NB :cette version est une ré écriture de la version originale qui a été auparavant diffusée

Livret I

La Dernière Génération II (ou avatar U2 7.0)

Alio est une personne et en même temps un personnage dans son quartier, peut-être une personnalité. Son quartier pour lui c'est du sacré, c'est la famille les copains, les copines en cachette, surtout pas de blague, on ne plaisante pas avec les gens du quartier, ce sont nos voisins (un voisin pas touche, même si on ne le pife pas), c'est presque de la famille, c'est notre clan, notre tribu. Alio passait parfois ses moments de repos à tirer des plans sur la comète et a échafaudé d'autres moins ambitieux mais très ingénieux, avec des tactiques imparables, des techniques sophistiquées, destinées à protéger et à préserver, de toute intrusion ou prédation, son quartier et ses habitants. C'était son rôle et sa mission en tant que plus vieux célibataire du quartier (à trente-six ans) et il avait tout le loisir de s'intéresser aux habitants de son quartier : qui sont –ils ? Que veulent –ils ? Qui est qui ? Qui est honnête, qui est fourbe, qui est courageux, qui est lâche ? Pour lui, pour son cas, pour sa petite personne, il était complétement rassuré et convaincu dans son for intérieur ,que tous ce petit monde dans ce quartier lui faisait confiance : on l'estimait, on le respectait, on cherchait sa compagnie et on aimait sa gentillesse et sa bienveillance. Donc il fallait qu'il réussisse dans cette noble et sacrée mission : aider les nécessiteux, protéger les personnes âgées, les enfants et surtout veiller à l'intégrité du corps et de l'esprit de la gente féminine du quartier.

U2 7.0 est dubitatif ,dans son studio ultra sécurisé, ultra isolé ultra connecté, il passait ses soirées à parler, à palabrer avec des robots domestiques ses compagnons de fortune ou d'infortune. Il s'écoutait parler, discuter avec un mur scintillant de lumière, envahi de spots, de messages d'alerte ou tout simplement d'une publicité aussi tenace qu'insipide. Il s'amusait à poser des colles ahurissantes à ses interlocuteurs, sans écho attendu ,chose inertes absentes et toujours muettes , peut être médusées, dans un silence sidéral, amorphe, glacial sans écho ni contours. On ne discute pas du monde et de la chose humaine sans avoir un argumentaire à toute épreuve et on n'interpelle pas un tas de ferraille même doté d'une intelligence, comme on pourrait le faire en plaisantant avec un collègue ou un voisin avec qui on a un compte à régler. Il faut respecter la susceptibilité des uns et des autres, dans ce monde où il y a tant de tords à redresser, tant de rêves inachevés tant d'espoirs étouffés par le silence et l'indifférence des hommes. Il se mettait à rêver d'un avenir radieux, d'une terre en paix avec elle-même avec les autres planètes, avec les autres mondes réels ou imaginaires. Il rêvait d'une terre sans frontières, sans guerres, sans faim, sans misère, sans despotes inspirés, sans monarchies éclairées etc...etc...etc... Et surtout sans ces satanés machines, sournoises et machiavéliques.

D'où viennent –elles ? Que veulent elles de nous ? Que peut-on négocier ou céder sans contrepartie humiliante ? Des questions sans écho qu'il notait avec minutie dans son petit calepin .Il était convaincu qu'il y avait des inter connections cachées et de l'interdépendance entre ces machines et d'autres machines ailleurs sur terre ou dans l'univers, de meme qu'il y aurait probablement différents cas de figure ou de configuration où l'homme ne serait qu'une infime partie d'un mécanisme compliqué et complexe ,rouage égaré parmi tant d'autres ,ce qui donnerais à chacun de nous un parfait alibi pour revenir à la tache encore et encore afin de prétendre au mérite d'une place d'honneur dans cet admirable concert de la nature et rassurer son ego , par-delà cette insignifiance et notre absurde ignorance , devant l'immensité de la création et de la miséricorde divine.

U2 7.0 vivait dans un monde en vase clos, sans aucune relation connue, sans prétention ni ambition. Il y avait de la résilience fatale dans son approche de cet univers. Il se savait isolé avec ces machines, peut-être est –il en détention longue durée, un prisonnier sans billet d'écrou, un excommunié qui s'ignore, un bagnard isolé, seul sur une ile ou sur un radeau en dérive sans espoir de délivrance ou de secours mais jusqu'où, jusqu'à quand et surtout pourquoi ? Pourquoi lui parmi tant d'autres épaves en rade? Il se surprit gémissant en sourdine et avec colère son désarroi de prisonnier oublié dans sa solitude. Une brève sonnerie bouscula ses interrogations et cette lancinante quête absurde dans ce débat sur la chose existentielle, un message clignotant s'est affiché sur un écran bleu en face de lui : tu n'es pas seul mon ami, je suis avec toi. Alio fut pris d'effroi avant de tomber raide comme une souche pourrie. La voix mais quelle voix, une intonation, un tempo métallique, glacial et intemporel comme surgissant d'ailleurs, d'outre -tombe ou émanant d'abimes sans fin. A son réveil, il se palpa le corps, chercha sa tête, ses pieds, il parvint à se mettre debout et enfin à balbutier quelques mots : qui est tu ? que veut tu ? où est tu ? Aucune réaction, aucune réponse, les machines ronronnaient sans relâche, pareilles à des bêtes repues, endormies, comme si de rien n'était.

Alio avait du vague à l'âme, assis en terrasse au café du quartier, le café casse-croute, et surtout salle de télé lors de la retransmission des grands matches de foot. Aujourd'hui il est pratiquement seul, car les amis et les collègues sont tous « occupés » soit par des obligations familiales, soit par des démarches administratives ou autres. Ce café il l'aime bien, « Le bistrot » comme on l'appelait, une institution de quartier, petit propre, on peut y trouve tout ce que l'on peut désirer (sauf la gente féminine et l'alcool) tout et plus comme par exemple : toutes les boissons gazeuses du monde, des encas, des pâtisseries, du salé, du sucré, des sandwichs pas chers, tous les types de café, des jeux de domino et des joueurs de cartes, de belotte, de rami, de poker, des cigarettes, des bonbons, certains journaux et mêmes des bouquins. Alio y venait souvent avec ses amis pour « tuer le temps » et prendre des nouvelles de tout un chacun. Une institution de quartier ce café qui pouvait servir aussi de déversoir de tous ,de toutes les joies et aussi les misères de chacun .On pouvait y trouver méli mélo ,les bonnes adresses d'artisans ,les bonnes astuces de retraités ,les solutions aux fins de mois difficiles ,les conseils gratuits de certaines bonnes ames pour choisir un bon partie pour sa fille ,sa sœur ou une cousine du bled. On pouvait y faire une sieste ou se défouler sur l'administration et ses bureaucrates , on y disserte souvent sur le temps qui passe ainsi que sur la pluie qui tarde à venir ou la flambée des prix des fruits et des légumes.

U2 7.0 meublait ses soirées, en suscitant des débats sans fin avec des robots coincés dans un silence sidérant, et ces machines araignées tentaculaires, sans chair, ni sang, qu'il méprisait en cachette, qu'il craignait beaucoup, avec l'espoir, qu'un jour, elles seront vaincues, terrassées, avant d'être détruites en morceaux, par magie ou par un adversaire plus fort ou plus cruel. En attendant, il rêvait d'une guerre sans merci avec ces machines victorieuses déjà sans combats, ni hostilités déclarées. Il voulait les provoquer, par désespoir, en faire des ennemis ou les attirer dans des joutes intellectuelles jusqu'à épuisement total, jusqu'à la reddition de l'une ou de l'autre partie. Il avait la sensation d'être le seul être vivant combatif, égaré dans une incroyable odyssée sans but et sans retour. Il avait le sentiment que sa destination finale et son destin se jouaient maintenant, tout de suite, à travers un amas de galaxies lointaines en voie d'extinction ou depuis longtemps éteintes, peut-être dans ces poussières d'étoiles scintillantes, seules vestiges de ces mondes à jamais disparus.

U2 7.0 était souvent égaré, perdu, désespéré dans cet univers infini de machines, de robots, d'inter connections, d'extra-connections, de connections virtuelles ou réelles, de solitudes démultipliées, non partagées souvent cachées à nos yeux et non moins mortelles. Il avait des doutes, peu de convictions établies, peu d'espérances, mais beaucoup de regrets et un immense besoin de prière d'incantation pour calmer ses angoisses, pour éloigner ses démons. Il priait dans son cœur en gémissant pour briser le silence et cacher ses angoisses. Il priait Dieu tout Puissant et Miséricordieux pour tous les bienfaits qu'il Lui a accordé sans qu'il y soit pour quelque chose (l'audition, la vue, ce cœur irradiant de mystères, cette pensée démultipliée, cette matière grise sans fin sans fond, comme il est stipulé dans les textes sacrés). Il priait Dieu tout Puissant, il Lui demandait de l'aider, de raffermir sa volonté dans son combat, dans sa lutte, contre ces machines diaboliques, contre toutes ces choses qu'il ne comprenait pas, contre sa peur maladive du vide et cette solitude, et ce besoin de rédemption pour lui, pour toutes les créatures de la terre ou du cosmos. Il suppliait dans ses incantations les autres, ses amis ,ses voisins proches ou lointains, d'en faire autant ,de lire les textes sacrés dans les premières versions sanctifiées ,de lire et de déchiffrer et commenter les Livres sacrés, en solitaire ,en groupe ,le jour la nuit ,le matin avant le lever du soleil, le soir avant le coucher du soleil et dans la nuit profonde quand la terre respire et gémit en silence .Il voulait dire tant de choses sur la foi ,sur la fraternité des hommes ,sur la vie de tous pour chacun, sur la vie de chacun pour tous ,sur les oubliés, sur ces carcasses abandonnées et surtout pleurer avec ces cohortes d'opprimés qui doutent en silence , sans se plaindre de l'injustice de leurs semblables .

U2 7.0 avait parfois des certitudes de condamné guettant une grâce improbable, il avait des attentes de naufragé moribond guettant sans espoir des secours dans une mer déchainée, sans merci perdu dans son immense désarroi et cette quête suicidaire de l'absolu. Il pensait avoir un cœur trempé de fer et d'acier, une volonté de destruction et de sacrifice sans limite, sans partage pour affirmer son pouvoir et surtout se consacrer enfin à l'émergence de ce monde nouveau de cette nouvelle humanité pure et dure pour ériger de nouvelles villes, de nouveaux temples, de nouvelles mosquées d'or et d'argent pour sauver cette métropole sans foi déclarée, ni loi instituée, ni passé glorieux, ni avenir prospère à espérer ou projet ambitieux à inventer .

U2 7.0 vient de se réveiller, il a émergé d'un long assoupissement et a repris progressivement conscience de son état, toutes les lumières dans le studio clignotaient bruyamment, dans une folle sérénade, il est maintenant réveillé et avait la certitude que quelque chose d'important allait se passer. Pour se prémunir de toute agression interne ou externe il débita en mode sourdine ses invocation habituelles, pris un bon verre d'eau et s'allongea sur un canapé en face d'un écran affolé par le flux d'images qui ne cesse de défiler sans interruption et sans aucune logique ou thème précis. Pas de panique ni d'idées préconçues il s'agit de faire le point et être prêt à répondre et à riposter à toute éventualité. Les matins de grandes batailles se préparent dit –on en secret d'alcôves quand tous les protagonistes ont épuisé leurs réserves, et que seuls les esprits supérieurs conservent leur lucidité et leur détermination pour aller au combat sans peur ni regret. Il faut dit-il posséder une arme pour ne pas avoir à s'en servir et surtout ne pas en posséder pour garder son libre arbitre, comme ultime recours.

Alio se réveille et jette un regard furtif à l'horloge mural, il est 06 h.30 – c'est bon il est dans les temps. Après sa toilette matinale et un petit déjeuner frugal, il s'habille avec soins, pas question d'attirer les remarques déplacées de ses collègues et surtout celles de ses amis. A 07h.15 il, est debout devant les arrêts de bus où déjà une foule se presse et se bouscule. Le trajet étant cours, il n'avait pas besoin de s'assoir -à 08.h 15 il est dans son bureau, prêt à batailler et à défendre, bec et ongle, son espace vital de travail et son rôle de guichetier tout autant contre l'appétit vorace de ses collègues que contre les attaques intempestives et vindicatives des visiteurs et des clients. A midi tapant, c'est la pause déjeuner dans la cantine, immense salle austère plus que centenaire, toujours les memes plats qui reviennent sans cesse et au dessert , la petite séance quotidienne de discussions ,de débats homériques entre collègues pour faire durer cet instant et la sensation d'exister dans un monde qui échappe à leur entendement .Des joutes verbales ,chaotiques qui se terminent en queue de poisson, avec en prime des rigolades sans fin, entre des personnes qui passent leur temps à se critiquer ,à se chamailler et à dénigrer toute la planète parce que leur équipe de football favorite a reçu, ce weekend , une sacrée tannée

. L'après-midi les guichets sont fermés et les employés s'attellent au travail de bureau proprement dit. Le nirvana pour Alio qui va disposer, maintenant, de tout son temps pour s'adonner à sa gymnastique préférée : remplir ses grilles de pari sportif -un régal qui dure le temps qu'il faut car lié à son inspiration et à de folles circonvolutions et autres calculs astronomiques. A 16h.30 c'est la ruée vers la sortie. Après quelques commissions en cours de route, Alio est déjà au 7ème étage devant la porte de son studio.

Les derniers jours du passé composé

U2 7.0 avait aujourd'hui de la hargne, il voulait transgresser ces lois, cette limite au de laquelle ses privilèges ses acquis, son statut, sa petite liberté sont abolis, n'avaient plus court. Il voulait avoir cette volonté, ce courage et surtout cette liberté d'apprendre par exemple une langue encore vivante ou même morte depuis des siècles. Un acte gratuit sans arrières pensées, sans profit immédiat, sans grand danger pour les autres, sans gloire ni compétition ni podium en perspective. Il voulait s'engager par un acte de charité complétement désintéressé dans une entreprise de longue haleine pour ressusciter des mots égarés, perdus en cours de route, jamais réclamés, orphelins de père et de mère tombeaux scellés sur notre sombre histoire. Et ces souvenirs d'enfance, figés dans ces mots d'un passé simple qui nous écorchent à chaque anniversaire, à chaque soupir, jusqu'au soir ultime. Il ne pouvait appréhender ces mots furtifs, sans port d'attache, qui vous brisent le cœur en cet instant précis, ou n'est ce qu'illusion d'optique et mirage d'été. Il voulait capturer ces mots assassins prisonniers de notre mansuétude, de notre paresse, de nos défaites passées, et ces mots perfides avocats de causes perdues, jamais revendiqués, jamais glorifiés.

Ces mots dont nul ne saisira les contours, le sens caché, des mots exutoires à sens unique, à force d'y penser. Il imaginait ces allégories assassines, dans la bouche de sages ou d'ermites, quand elles enflamment nos cœurs et dissipent nos chagrins. Ces mots pièges qui vous entrainent, dans le silence vers de fausses amitiés, vers de fausses pistes, directement dans la gueule d'un prédateur en embuscade ou vers la déchéance du vaincu ou le désespoir du fuyard. Ces mots d'or et d'argent qui subjuguent vos sens, fascinante farandole d'images sans fin et cette magie de couleurs qui laisse espérer un heureux dénouement : le vertige d'aimer sans retour et la promesse d'un instant de plaisir furtif pour réchauffer le corps d'un condamné. Il voulait occuper son esprit de petites choses , de brindilles , si banales , insignifiantes pour d'autres, mais tant espérées afin de ne pas succomber à ce mal ,à cette tentation , à cette course effrénée de bête traquée, dans un monde agonisant et toujours dévasté où se dressent encore , en carré de résistances éphémères et en rangs de bataille serrées, les derniers vestiges d'une civilisation déjà retranscrite par des prédateurs , consommée par d'avides spéculateurs , prédestinée au chantage , désarticulée par des zélateurs du dimanche , cassée pour le plaisir , broyée par un flot de mensonges , exposée à tout vent , et cet ultime témoignage de vie sur terre ,ce berceau d'enfant abandonné au seuil de demeures, depuis longtemps désertées.

La vie est un long chemin d'errance

U2 7.0 avait une haine sournoise et un répulsion maladive envers ces soirées sinistres dans ce studio, antre de loup solitaire: unique programme, même chanson, lancinante rengaine, même rituel angoissant, mêmes repas insipides, mêmes blessures de guerrier humilié, mêmes instants de torture, avant le grand saut jusqu'à l'aube d'un lendemain qui tarde à venir. Il avait des cauchemars d'enfant perdu, de prisonnier condamné, de bête à immoler. Son sommeil est une longue quête de souvenirs à rattraper, une séance discontinue de sombres remords et ce corps meurtrie d'échecs et de joies en errance toujours prisonnier d'un perpétuel recommencement ,une ritournelle endiablée régulièrement agitée par l'intrusion de cliquetis ,de signaux ,de flashs de lumières et d' échanges entre les machines –même éteintes ces satanés machines cogitent sans nul doute en liberté, elles doivent avoir des ressources inconnues, des parades et de l'esquive à l'infini .Il lui arrive parfois de se réveiller en pleine nuit en larmes pour crier , pour chanter à tue tète en tapotant sur les murs et sur les meubles pour pense-t-il déconcentrer voire déconcerter ces labyrinthes d'algorithmes, ces réseaux ,ces circuits de machines sans aucune attache reconnue et les contraindre à répondre ,à engager une quelconque conversation ,une banale conversation sur le temps qu'il fait , sur les caprices de la météo ,sur la santé de chacun ,sur les espoirs et les attentes de chacune des parties, pour ne pas perdre espoirs en des lendemains meilleurs.

Alio : a choisi son camp il va se lancer dans les élections locales car il est de plus en plus sollicité et pressé par ses amis, pour défendre surtout les couleurs de son quartier. Il va se présenter avec une liste indépendante sans étiquette ni connotation politique ou idéologique même pas culturelle, car il ne croyait pas et n'adhérait pas au système des partis. Il ne se situait ni à droite ni à gauche, même pas du centre, il ne se sentait pas conservateur il ne se croit pas progressiste ni non aligné même pas traditionaliste, donc cela répond aux critères fantaisistes définis et imposés par ses amis et collègues. Il n'a aucun programme aucune ambition sauf bien sûr d'être élu et de ramener une preuve matérielle de son mandat au quartier pour faire la fête, le boulot d'élu est une préoccupation secondaire, son temps viendra après la consultation des amis, des collègues, des voisins des parents etc. etc. etc...

A la recherche des souvenirs du premier déluge

U2 7.0 avait des doutes, un questionnement incessant sur le monde, sur ce monde, peut être sur ces autres mondes à venir, ces mondes voisins parallèles, ou symétriques. Il ressassait sans cesse cette obsession originelle : ce débat entre lui et cette odieuse machine sans cœur, sans foi, ni loi, qui a dévoilé son passé , contrôle son présent et peut être son avenir, qui régit sa vie et probablement sa mort. Peut-on être un objet en fibre, en verre, en fer ou en acier et vouloir s'arroger le destin d'un univers, de ces hommes ,de ces femmes ,de ces enfants de ces animaux de ces chiens ,de ces chats etc. etc. etc. qui n'ont peut-être conscience de rien et qui vaquent à leurs occupations quotidiennes comme si de rien n'était, sans se douter des cataclysmes à venir.

U2 7.0 savait que son corps était une demeure piégée, truffée d'objets connectés ou non, de puces, de conducteurs, de semi-conducteurs, de circuits imprimés, de câbles, de fibres. Il sentait ces corps étrangers qui décuplaient ses forces, sa volonté, ses capacités sans pour autant raffermir son courage ou lui inspirer une quelconque confiance en cette fourberie de machines . Il se sentait une autre personne, en doublure d'un autre corps qui avait d'infinies perspectives, de multiples facettes, tapi à l'ombre, à l'affut, en embuscade, prêt à le seconder puis à l'éjecter, lui, le premier venu et seul prétendant à occuper cet espace, ce lieu seul héritage magique et merveilleux qui lui reste de ses parents, de ses aïeuls ,de toute la création. Il était peu réactif ,amorphe et n'avait souvent aucun pouvoir sur le cheminement éclair de ses pensées ou ces centaines de milliers d'idées qui fusaient dans son cerveau et s'entrechoquaient dans son crane à l'égal d'un feu d'artifice non controlé, démentiel.

Le soleil ne se couche jamais sur l'astre doré

Alio est en route pour le marché, il s'adonne au rituel du marché, des commissions une fois par semaine, la seule corvée qu'il s'impose en tant que célibataire. Il est passionné de cuisine raffinée et de petits plats mijotés pour lui-même, si la cuisine n'est pas une science exacte elle bourrée, selon ses dires et convictions, de mathématiques, de physique et de chimie bien sûr de plaisir . Il avait également, en plus de la cuisine, la passion des chiffres et aussi des mots ;il est profondément convaincu qu'un lien puissant , mystérieux et mystique existe entre ces deux entités (mots et les chiffres) .Il se dit souvent que cuisiner et se concocter des plats détend et relaxe à l'égal d'une séance de yoga Il a échafaudé une théorie hasardeuse sur ce sujet et ne cesse de batailler pour convaincre ses amis, en maintenant mordicus , que le métier de cuisinier est le plus vieux du monde et qu'il est aussi le plus noble des métiers sur terre. Il déclame à l'occasion et à qui veut l'entendre que faire la bonne cuisine est un acte magique et que les cuisiniers depuis tout le temps ont été des magiciens qui peuvent transformer des légumes frais ou secs, des semoules des pates des viandes crus ou des poissons et fruits de mer en une alimentation succulente présentée en de multiples plats digests et savoureux. Il en a pour preuve cette évidence qu'il claironne à qui veut l'écouter : l'on peut se passer de beaucoup de chose mais pas de cuisiniers « ces sorciers du palais et de la panse » affirme-t-il doctement.

U2 7.0 est malade en son for intérieur, dans son esprit mais apparemment son corps est en mode actif, sain de toute infection ou handicap, bien portant et réagit à merveille d'autant plus que son cerveau en crue, déborde de projets, d'idées, et de défis aussi fous ou ambitieux les uns que les autres. Il avait un besoin vital de s'extérioriser dans ce studio minuscule et lugubre avec en prime et en guise de compagnie, ces machines intraitables sur le fond, ces robots, déjantés, décalés sur une 5ème dimension non gravitationnelle , incollables, pas fiers du tout, qui ne marquent pas de pause, pas de répit, superbement indifférents au sort des autres, à toutes ses suppliques, à toutes ses sollicitations, requêtes et parfois provocations gratuites. Il ne pouvait s'avouer vaincu ,il avait de la ressource à revendre mais pas d'ambition, ni de courage dans le ventre, pour défier l'inconnu, pour aller au fond de ces choses qui le hantent .Une faible créature parmi tant d'autres ,absurde question de statut d'un bipède qui veut se venger sur le dos des autres pour affirmer son existence ou pour justifier sa peur du vide sidéral qui l'entoure ,qui l'étouffe quand a besoin d'aide quand il a besoin des autres créatures tout autant marginales que lui et bien sur indifférente à son supplice .

Sixième alignement néfaste de planètes

Pour Alio, aujourd'hui est un grand jour : le derby tant attendu, l'occasion de faire la fête avec ses amis et ses collègues et peut être aussi l'occasion d'empocher le pactole tant espéré. Il faut aller très tôt les jours de derby pour être bien placé en tribune et ne rien rater de cette joyeuse kermesse. Alio le savait et avait plein d'astuces pour être parmi les premiers arrivés, les premiers installés avec toute la panoplie et les bagages du bon, fidèle et in impénitent supporteur de son club favori.

Le soleil était déjà couché quand, Alio est rentré chez lui, la tête pleine des clameurs du stade, fatigué des bousculades, des blagues grivoises de ses amis mais sans espoir de pactole parce que il avait complétement raté la grille du pari sportif.

U2 7.0 avait le spleen des soirs d'événement fatal, se pourrait –il que lui aussi serait un semblant de machine, un tas de ferraille, un avatar de bipède, création née d'un cerveau débile, d'une autre machine, d'un algorithme inachevé, peut-être d'une formule oubliée sur un pupitre encombré d'un Raspoutine dépravé ou celui d'un savant fou. Il ne voulait rien de cela parce qu'il revendiquait la liberté de choisir, de croire, de rêver d'aller, de venir, de vivre, de donner sa vie, de donner la vie, d'escamoter cette vie d'autant plus se rappelle -il, qu'il avait pris « le maquis » contre ce « système diabolique » qui a enfanté ces machines qui nous entrainent avec elles vers une ultime solution : l'apocalypse générale ou l'enfer imaginaire de Dante.

Le règne des dinosaures volants

U2 7.0 avait la passion des mots définis ou indéfinis, des idées sangsues, de ces concepts fantômes et insaisissables. Il rêve d'être associé à cette tâche immense que de restaurer ces mots oubliés le long de chemins d'entrave, témoins fidèles et fidèles auxiliaires de bardes d'antan. Il veut restaurer cette musique lancinante, douce mélodie naissante, de cœurs blessés, de ces complaintes de chevaliers sans causes et de ces âmes insatiables qui restent trop fières et trop généreuses. Il veut restaurer l'ordre ancien dans ses ors et dorures ruisselantes. L'ordre des anciens et cette fabuleuse aventure de ces cavaliers intrépides, ces valeureux coursiers, ces veuves éplorées, ces joutes sanglantes qui hantent ces esprits insomniaques, ces joies éphémères qui s'estompent dès l'aube et aux premières lueurs du jour. Il avait en outre la passion de ces mots, de ces idées, de ces concepts indéfinis, pas encore domptés par notre usage. Il veut restaurer ces mots que l'usure du verbe, la duplicité des hommes et l'érosion du temps qui passe ont complétement terrassé ou tout simplement effacé. Une passion d'enfant que de réussir à remettre en vie des mots blessés, rarement sollicités, jetés en pâture au premier venu, à la première agression. Il a toujours rêvé de ces majestueuses citadelles érigées autour de mots perdus, tordus, écrasés, vidés de substance et de panache mais toujours présents ,en résidence clandestine ,chez de fières paysannes ou de rugueux montagnards.

U2 7.0 voulait participer à la restauration des ordres anciens aux ors et dorures surannées. L'ordre ancien de ces guerriers anonymes d'un autre temps, d'une autre époque, de ces bonimenteurs maitres de cette parole magique et de ces sortilèges de sorciers hantés par la quête des trésors fabuleux de ces templiers retors et renégats. Il a toujours été bercé de ces illusions, de ces contes fabuleux d'une autre époque d'un autre monde. Mais hélas la machine est là, inerte gardienne en ces lieux, infatigable, vigile, intraitable, cerbère sans concessions, érigeant des citadelles imprenables devant ses vaines prétentions et ses rêves inaboutis. On a connu dit –il de meilleurs saisons fastes et généreuses sur ces terres en jachère qui ont donné des fruits rares et défendus que nos enfants n'oseront pas cueillir. Et ces boissons douces pas encore fermentées interdites aux simples mortels et pour lesquelles mille et un souverains ont déclaré maintes guerres et duels sans jamais assouvir leur faim ou leur soif.

A la recherche des souvenirs du guerrier

U2 7.0 a toujours rêvé de ces majestueuses demeures perdues dans la brume matinale, glorifiées par des bardes apatrides et ces poèmes délirants de sang par des mots sombres, souvent inquiétants. Il a toujours cru en ces récits légendaires, sans fin, horizons sans promesses et nulle perspective au loin, pour charmer un simple mortel. Il songeait immobile à ces lendemains sans espoir, submergé d'angoisse devant son sort déjà écrits ou en attente de gestation. Il avait besoin d'accélérer la cadence, de saisir d'autres mots pour élargir son territoire, son espace, son univers, peut-être même son existence. Il avait un besoin urgent de mots qui rassurent, de ces tournures de phrases magiques qui vous tuent à petit feu avant de vous achever. Il n'aimait pas ces mots de bave, imbus de puissance et de suffisance qu'il suffit parfois de battre à mort pour en tirer toute substance, noyer leur arrogance et mettre à nu l'indigence de leur vie de leur existence.

Alio est invité, ce soir à un repas de mariage. Comme c'est l'un de ses collègues qui allait enterrer sa vie de débauche et de célibat bien mérité, il a décidé de sortir le grand jeu. Un cadeau somptueux pour sa bourse et un costard oublié depuis des lustres, il méritait bien ça son collègue – un brave type, simple, toujours volontaire pour faire du « bien » et faire le remplaçant dans une partie de Rami. La soirée fut somptueuse avec un orchestre à la hauteur, un buffet ouvert autant sur les plats traditionnels que sur la cuisine moderne et les blagues à profusion pour taquiner le futur marié. Alio est rentré chez lui, à trois heure du matin, la tête saturée de musique et de brouhaha, le ventre tendu à craquer et son costard complétement entaché et barbouillé de graisse et de restes de nourriture.

L'ultime symphonie du Roi des pyramides

U2 7.0 nageait dans l'équivoque, dans une absurde conviction, sans point d'ancrage, mais il lui fallait une raison, un motif, pour prouver son existence. Euréka, il bondit comme une bête traquée, il attaqua les machines sur l'existentiel, tout un programme, un domaine, qui a épuisé à ce jour, hélas toutes les philosophies des hommes, sans tarir leurs débats ni leurs espoirs, ni leurs attentes.

Cette charge imprévue provoqua une immense clameur de cliquetis dans son logis, toutes ces machines arrogantes et ces robots serviles ont perdu leur splendeur. Pas de réponse immédiate, pas de sifflement de bête terrassée, bonne nouvelle - score en faveur d'un animal de chair et de sang, petite chose gluante sans grande utilité, hélas victoire sans gloire, sans lendemains qui chantent.

Alio a une démarche administrative a effectué ce matin ce qui ne devait lui prendre en principe que deux ou trois heures, avant de rejoindre le bureau. L'administration en question devait lui délivrer deux documents en plus d'une légalisation de signature .A son arrivé ,il trouva au moins une vingtaine de personne devant lui ,il récupéra un ticket (le n°24)mais pour les places assisses il fallait venir plus tôt .Deux guichets fonctionnaient à bout de bras tellement la demande en paperasse était évidente mais il fallait compter aussi avec l'humeur acariâtre instable, changeante de l'un des employés qui se jouait des nerfs des usagers en ne cessant d'apostropher méchamment les clients et également ses collègues .Une heure après seuls quatre personnes ont à peu près « réglé leurs affaires » puis c'est le blocage total ,les deux guichets disponibles ont été brusquement déserté; Une demi-heure après et suite à une mini émeute et à un début de manifestation bruyante des citoyens , les deux employés reprennent du service mais toujours avec la même cadence rythmée par des quolibets et des répliques assassines qui fusaient de part et d'autres des deux guichets ,un vrai pugilat qui ne manquait pas de chauffer l'atmosphère et d'amuser la galerie .Entre deux altercations et vers le début de l'après- midi , Alio réussi à déposer sa paperasse devant la guichetière qui le fusilla d'un regard neutre en lui demandant sèchement de ne pas s'appuyer sur la rampe du guichet .Contre toute attente cette employée était très efficace et en deux temps trois mouvements toute la paperasse était disponible dans l'attente de là contre signature du responsable du service. Une deuxième chaine(queue) en perspective pour passer devant le chef de service d'ailleurs très souriant mais aussi retors et soupçonneux , car il fallait décliner le but de la démarche et le futur emploie (la destination) de ces documents, avant qu'il daigne apposer sa griffe son cachet et sa signature tout cela accompagné de sourires et de formules de politesse complétement surréalistes et décalées de ce contexte. Alio ne pu rejoindre son domicile que deux heures après, la longue pause déjeuner des employés.

Les tortues naines ne meurent jamais

U2 7.0 naviguait à vue, radeau de la Méduse oublié sur une plage déserte, un seul chemin rectiligne sans fin s'offrait à sa vue sans autre alternative, sans détour, un autre alibi providentiel pour esquiver encore et encore, ces questions existentielles. Un chaos sans fin s'est installé dans sa vie, un chaos de célibataire endurci, blasé, perdu, isolé, mort, enterré, rayé des états civils des archives nationales, oublié de tous. C'est une immense responsabilité pense –il- que de gérer le destin des autres, une angoisse permanente de ne pas être à la hauteur, de ces anodines querelles de chapelles désertées, de ces mesquineries de voisins aigris et jaloux, de ces histoires gaillardes sans écho, de cet ami, de ce cousin éloigné ou tout simplement des caprices d'un petit chat de compagnie.

U2 7.0 avait encore des doutes et d'insidieuses pensées trottaient dans son esprit perturbé et malade : pourquoi ces satanés machines étaient toujours en accord. Il soupçonnait des traquenards ,des complots d'obscures officines ,des conspirateurs de tous bords , des agitateurs professionnels d'extrême droite ou de gauche ,des ultra fascistes de l'hémisphère nord ou du sud, des nihilistes ,des mercenaires ou des chasseurs de primes apatrides ,l'ennemi intérieur ou celui de l'extérieur ,la cinquième colonne ou l'implication d'organisations nationales et internationales spécialisées dans le crime organisé ,ou tout bonnement de fins limiers des services secrets menant des enquêtes confidentielles sur notre misérable passivité et cette soumission aveugle , presque admirative devant ces satanés machines, tentacules de matière inerte mais néanmoins pétries d'orgueil mal assumé et cette insondable et vertigineuse indifférence vis-à-vis de notre désarroi, angoissante question d'une minuscule créature égarée dans l'immensité sidérale .

U2 7.0 s'était d'ailleurs mis en tête de mener une enquête délicate, il était conscient des complots qui se tramaient dans le dos de cette agglomération, sur le dos de ses concitoyens, avec probablement la complicité et la duplicité de félons en interne. Ces stratagèmes ,ces ruses cette implacable et imparable logique n'étaient pas l'œuvre de robots ou de machines séditieuses ,mais une diabolique et insidieuse opération agencée de l'extérieur par des esprits plus élaborés, dont le but ultime étant d'éradiquer totalement la trace de la race humaine de cette terre, ou peut-être de chasser ses habitants et de les envoyer sur une autre planète ,sur un autre système , sur une autre galaxie ou tout simplement en faire un exemple pour les autres créatures. Mais au fait ces machines qui sont fabriquées par d'autres machines qui conçoivent d'autres machines, une chaine infernale qui s'étire à l'infini, sans repos, sans répit, sans peur, sans reproche, sans autres voisins que d'autres machines ou d'autres robots alignés en rang d'oignons prêts a vous prendre à la gorge et à vous étriper comme des charognards affamés.

L'adieu à la terre orpheline

Alio se prépare cette après- midi, en vue du fameux tournoi de Rami et de Poker, organisé régulièrement par l'un de ses amis et également collègue dans un appartement vidé, de son propriétaire (le père). Un tournoi épique, voire olympique comme on le disait, entre collègues et amis ,un tournoi masculin à la vie ,à la mort , jusqu'à la défaite totale de l'une des équipes antagonistes .Tout le week-end était bloqué pour la réussite de ce tournois : les rendez-vous sont annulés, les portables éteints, les conjoints informées , les copines rassurées, les enfants admonestés et enfin les frigos étaient pleins à craquer .On sortait de ces joutes passionnantes et amicales complétement groggys ,sans aucun repaire , motivés à bloc pour le prochain tournois et surtout plein de reconnaissances ,envers les amis et les collègues, pour ces moments magiques et inoubliables. Alio rentrait chez lui content, satisfait par le succès de son équipe et prêt pour d'autres compétitions et d'autres défis.

U2 7.0 avait également une hantise d'enfant perdu, il ne voulait pas faire partie de ce système en chair et en acier. Ce système qui n'avait ni queue ni tête, ni pied, ni ami, ni ennemi, par contre beaucoup de serviteurs, des hommes de mains, des femmes de chambres, des femmes d'intérieur des femmes fidèles, des hommes recommandables, certains compétents d'autres sans aucune référence. Ce système a ventre mou, a cependant beaucoup de courage, beaucoup de mémoire beaucoup de fiches et peu de cœur. Ce système qui adore les foules alignées et serrées au pas cadencés, mais qui déteste les mains tendues, les processions de mariages et les longues queues devant les guichets d'ambassades. Ce système qui aime chanter la gloire des vainqueurs et ne pleure que rarement les blessures de ses enfants, boutés en dehors d'un continent dans un perpétuel bannissement. Le système fonctionne en autarcie ,il s'écoute parler ,il se perpétue en révant de fonctions ,de fonctionnaires ,de dérive et de parole donnée jamais respectée mais toujours renouvelée .Il passe ses heures de loisirs à échafauder des plans sur la comète ,à planifier des guerres qu'il ne fera sans doute jamais ,à élaborer des scénarios tout aussi fantaisistes que farfelus pour remplir des dossiers ,pour noircir des pages blanches condamnées à pourrir, à mourir sans gloire , dans des caves humides ,oubliés de tous et à jamais .

La dérive du continent perdu

U2 7.0 avait des souvenirs épars, un tas de souvenirs sur la vie d'avant, les us et coutumes des gens d'avant, de ses ancêtres, d'avant la IIIème Grande Guerre des Mondes (3ème GGM). Il avait cependant peur d'y revenir, de croiser son passé, de déterrer des cadavres qu'il n'avait pas eu le temps de cacher ou d'ensevelir. Il vivait dans l'angoisse du temps perdu ,de promesses non tenues ,de serments oubliés, de souvenirs chancelants sans autre repères pour panser ses blessures et calmer ses chagrins .Patriote fervent du dernier quart d'heure , un zèle de défenseur de causes perdues ,toute la terre était pour lui une patrie, un sanctuaire à chérir sans modération , ultime refuge de bagnards qu'il faut aussi protéger et défendre, qu'il faut préserver contre toute ces prédations et ces guerres souterraines , velléités d'esprits malsains et de prétentions ambitieuses ,tapies dans les sombres entrailles de ces machines et ces robots. Il était également un fervent croyant, il croyait en Dieu Tout Puissant et Miséricordieux, en ses Messagers tous ses Messagers, en ses Livres révélés. Nous croyons en Dieu dit- il. Il croyait en cette vie éphémère en cette mort infinie, en l'au-delà, en ce destin écrit et accepté, en cette créature du Bon Dieu, en cet homme béni, combien bavard et disert sur tout et n'importe quoi, mais toujours accompli. Il jouissait énormément en cachette, avec un sourire narquois et vengeur en pensant à ces machines complexes, intelligentes et compliquées, sans âmes, sans état d'âmes, sans scrupules, souvent insipides, ignorant les autres machines et les autres créatures, indifférentes et sans égard, en marge des miracles de Dieu, de cette nature sans équivalent en partage pour tous de ses bienfaits et ses richesses illimitées.

Le retour vers l'antre des souvenirs domestiques

U2 7.0 vivait de chimères, d'occasions ratées, de vieilles rengaines, avec un soupçon de revanche sur ses ainés car, il avait, dès le début de cette aventure flairé l'arnaque, débusqué cette forfaiture, cette quête d'un paradis éternel, toujours lointain, jamais cédé par d'obscurs zélateurs. Il progressait à tâtons dans cet univers impitoyable, cerné, de toutes parts, comme une prochaine victime, offrande sanglante déjà immolée. Il était en une perpétuelle alerte d'une extrême vigilance dans cette traque de vérité, de certitude, d'affirmation de soi et de négation éruptive, maladive de l'autre, du voisin, de l'étranger de passage, pire du rejet du passant anonyme croisé une seule fois dans sa rue, dans sa vie. Il était sur le qui-vive ,sur les nerfs depuis quelque temps peut-être qu'il était temps de trancher de se décider à construire un bunker ,un abri anti bombe atomique, peut-être qu'il est préférable et judicieux de commencer à faire des stocks importants de denrées alimentaires : de la semoule ,de l'huile, des pâtes, du café ,du sucre , des sardines en boites des fruits des légumes frais à congeler et des légumes secs ,des boites de conserve, du sel, des épices des paquets de chips et également des bonbons, des chewing-gum, de l'eau de source ,de l'eau de javel ,des boissons de toute sorte, des allumettes ,des briquets ,du tabacs mais aussi de livres sacrés et de livres profanes , de revues légères, de jeux de société, de souvenirs bons et aussi mauvais ,de postes radio , de piles et de batteries , d'armes de poing ,d'armes de guerre, de fusils de chasse de couteaux et même des armes rudimentaires des arcs et des flèches .Il y a évidemment beaucoup de choses à stocker pour ternir un long siège mais si on table sur l'éventualité de secours qui ne viendront surement pas ,il est plus judicieux de faire ses prières obligatoires et accessoirement se mettre à la pratique du yoga pour se préparer aux longues privations de nourriture ,aux bagarres pour un billet d'un train allant nulle part ,aux bousculades musclées pour une baguette de pain ou une pathétique supplique pour accéder à une rame de métro gage d'un abri sommaire où se sentir moins frileux dans le fracas de ces bombardements incessants .

Alio doit se déplacer ce week-end à l'intérieur du pays pour rendre visite à ses oncles, à ses tantes, à ses neveux, à ses nièces ect...etc. A l'arrivée chez sa tante préférée, il est happé par le tourbillon des embrassades, des accolades ,des tapes sur le dos ,sur les jambes et autres manifestations de joie réelle , parfois indéchiffrables par Alio .Toute la matinée ,c'est le défilé des cousins, des cousines ,des neveux, des nièces qui sont venus embrasser ou se frotter au cousin « dépravé » de la ville .Alio était content et ravis de discuter ,en patois local avec les membres de sa grande famille et surtout de partager avec eux un repas interminable ,dans une ambiance chaleureuse. Il regagna son domicile tard dans la soirée, avec une tête pleine de souvenirs d'antan, la malle pleine de gâteaux de lé de fruits, de cadeaux et les poches remplies de requêtes et même de lettres pleines de tendresse et surprise une sollicitation en mariage !

U2 7.0 pauvre orphelin d'un monde oublié, traqué de toute part, proie facile d'entre les griffes de ces chasseurs de primes impitoyables, surgis de nulle part qui guettent la bête blessée et solitaire. Soldat de plomb sans ordre de bataille sans ordre de jour, s'installant à demeure dans un campement à l'orée du désert, sentinelle solitaire, abandonnée à son funeste sort. Il s'érigeait en défenseur absolu de l'humanité des pauvres comme des riches des bons comme des mauvais mais aussi de certaines machines, non impérialistes non colonialistes non capitalistes, pas expansionnistes. Il se voyait déjà sur une de crête, à l'orée des lignes de batailles d'un front septentrional ou méridional, en première vague d'assaut et de contact avec cet adversaire sans foi, sans loi, sans visage.

Alio petit seigneur de quartier, bien coincé dans un immense fauteuil d'avant-guerre, estampillait furieusement des reçus, des factures, des requêtes et autres paperasses, il songeait à un repos bien mérité en observant avec bienveillance, cette immense salle bruyante, ce beau monde : à côté de lui trône un collègue et ami de longue date, marié, correct, « peinard » comme on dit entre copains, père de deux beaux enfants, qui vivent presque tout le temps chez ses beaux-parents, comme d'ailleurs sa femme. Le second, à droite, marié, correct, « peinard » aussi, père d'un enfant unique, adorable, est pour sa part, en campement longue durée chez sa mère, sa femme s'occupe de tout le reste. Le collègue en face, marié sans enfants « super peinard », correct, drôle, très serviable, crèche, comme il le souligne depuis des lustres, chez sa belle-mère qu'il surnomme affectueusement Djeddai (dérivé de Djedda qui signifie grand-mère) d'ailleurs c'est la guerre des étoiles chez lui, sa femme est affublé d'un doux surnom :Ma Terminator. Celui du fond avec la barbichette, correct, « peinard » aussi, fiancé à vie, comme il le dit, tant qu'il est, logé et nourri gratis, chez ses parents et tant que sa promise n'est pas prête et pas décidée à faire le grand saut dans l'inconnu en quittant le giron maternel. Les trois autres collègues et amis du fond de la salle, sont aussi corrects et « super peinards », des célibataires endurcis comme Alio, leurs horizons sont limités ,cadencés et rythmés surtout par les balades entre copains, les tournois de rami et de belotte, et les « évents » de la galaxie foot Ball.

Extinction de masse chez les primates du Jurassic

U2 7.0 est un révolté de cœur, d'esprit, de raison uniquement dans son modeste logis. Pas question de tirer des plans sur la comète. Il obéissait aux ordres avant qu'ils ne soient édictés, énoncés ou publiés, mais avait aussi de la pitié condescendante et une compassion quasi religieuse pour cette population qui rugissait en silence dans la nuit, entre le salon et la salle de bain, et célébrait dès les premières aurores des noces d'or ou d'argent pour la gloire du Grand Père du Peuple tout en l'accablant en silence d'anathèmes et d'invocations diaboliques. Il savait qu'au demeurant il était un enfant du système, même illégitime, il connaissait les rouages obscurs et les dédales infinis de ces couloirs sans escales, sans halte ou banc de parc pour un petit répit, de ces bureaux aveugles de naissance, calfeutrés, cadenassés, sans issues de secours ou espoir d'évasion, sans balcons et ces chaises laminées d'un autre temps, d'une époque.

U2 7.0 connaissait les guerres des systèmes, celles du système et ses tentacules sans fin, ses piques incolores, inodores, ses batailles rangées ses sublimes trahisons, ses conflits sans but ni fin. Ces guerres entre quatre murs pour assurer le quotidien, pour cuire le pain, pour étancher sa soif, pour une assiette de pois chiches, pour aussi bien dormir, pour aussi bien s'amuser, pour aussi peu être rêver ou pourquoi pas partir sans visa, sans femme, sans enfant, seul sans bagage. Les systèmes ont une sacré histoire mouvementée, il ont eu peut être une sombre préhistoire , c'est ce qu'il avait déjà deviné ou pressenti depuis belle lurette .Il avait développé en secret , une volonté d' écoute compatissante et volontariste envers cette multitude , cette foule toujours compacte de citoyens mécontents, blessés, désespérés qui s'agglutinent chaque jour, sans espoir, devant des guichets aveugles et souvent muets .En hommes de charité et bien que n'étant pas dans les secrets des dieux, une quantité non négligeable de fonctionnaires veillait au grain en bousculant le système endormie et distribuait de temps en temps ces sésames tant convoités pour apaiser les rancunes et faire jaillir de ces bureaux encombrés ,une décision pertinente et également juste ou du moins équitable pour enfin arracher un sourire à ces citoyens totalement égaré dans cette ville ,dans cette vie . Le système n'en avait cure il avait une multitude d'agents serviles, serviteurs de l'ombre, insensibles aux cris qui déferlent dans la rue et à la douleur des autres .Les systèmes

,dit-on , sont hypocondriaques ,avatars hypersensibles et hypernerveux ,casaniers au fond mais aussi insomniaques , avaient peur du vide ,du temps qui passe ,de l'espace qui se rétréci tout autour de leur chaumière ,de leur pied à terre, de leur résidence ,peur de respirer cet air de liberté, peur de boire cette eau saumâtre et javellisée, peur de dormir sans promesse de réveil ,peur de dormir en solitaire , sans sérénade, sans paracétamol, sans aspirine, , sans antidépresseurs, sans anti-arythmiques ,sans anti coagulants, sans antibiothérapie sans , sans , sans cœur et sans reproche.

U2 7.0 avait d'autres sujet d'angoisse et de crainte, en su de l'omni présence dans son esprit de systèmes de pensées, de gouvernement, de gouvernance, et d'ordre serré qui régissent et règlent son petit univers fait de tracas et de poussière , il avait une peur bleue de ces invasions imminentes annoncées par différents oracles et par ces officines semi officielles : invasions de fourmis rouges de rats noirs, de sauterelles grises et aussi celle la plus redoutée, l'invasion des fils et petits-fils d'Alien. Ce sera l'une des fins du monde pense –t-il et il faut faire quelque chose . Pour se prémunir et se préparer , il a accumulé des tonnes et des tonnes de documents et d'informations sur ces inéluctables incursions. Il est convaincu mordicus que le peuple des fourmis dont les fourmis rouges seront les premières à déclencher les hostilités car elles sont déjà prédisposées à vaincre, sans grand péril. Elles disposent naturellement d'une organisation sans faille ultra sophistiquée bien que, selon certains experts, les individus jouissent d'une certaine liberté d'action et de décision quant cela ne nuit pas aux intérêts primordiaux de la colonie de fourmis. Cette petite bête qui est présente sur terre depuis des millions voire une centaine de millions d'années, va tout simplement faire valoir son droit d'ainesse et de présence continue pour nous expulser de ses territoires. Les quelques treize milles espèces recensées sur terre vont, dès le coup d'envoi sonner la charge et commencer à traquer, cerner, harceler, attaquer pour terrasser et dévorer ensuite toutes les créatures terrestres considérées comme des adversaires ou des ennemis potentiels. Ayant développées une intelligence globalisée, mutualisée, toutes les fourmilières peuvent êtres interconnectées naturellement entre elles et vont constituer à travers un réseau mondial, une redoutable force de frappe qui va sans grande difficulté procéder à la colonisation de toute la terre. Les rats constituent la seconde menace d'invasion et ce pour un certains nombres de causes et de raisons :ils sont féconds , très résistants, avec une faculté d'adaptation hors du commun et d'autant qu'ils bénéficient naturellement d'une association étroite avec les humains : là où il y a des hommes ,il y a automatiquement des colonies de rats .Les cinq cents (500) variétés et les cent vingt (120) espèces de ces rongeurs ,une fois lancés, n'auront aucune difficulté à supplanter l'espèce humaine en détruisant ses différentes récoltes, ses différents aliments ,son habitat et infectant et polluant ses ressources aquatiques Il est également établi que les rats peuvent s'attaquer à l'homme en cas d'absolu nécessité et surtout quand ils décèlent en lui une situation de faiblesse.

Les criquets pèlerins et notamment leurs larves sont également une menace sérieuse sur l'avenir de l'homme sur terre : sur les sept milles (7000) espèces dix (10) sont migratoires et peuvent envahir la plupart des continents. Les essaims de criquets qui peuvent rassembler des millions d'individus se constituent en véritables armes de destruction massive des récoltes et des couvertures végétales de la terre. La quatrième cause de l'extinction de l'homme sur terre est liée à la présence d'Alien de troisième génération parmi la population humaine. Ceux-ci vont peu à peu se substituer à l'homme dans tous les domaine de la vie ,jusqu'à le remplacer totalement ,le rendre inutile donc prêt à être éradiquer sur terre .Ces Alien , dotés d'une intelligence artificielle de loin supérieure aux capacités du commun des mortels vont écarter progressivement les humains des centres de décision, de gestion, de réflexion et de création pour enfin les bannir et les enfermer dans des centres spécialisés où ils seront voués à une mort certaine .Cette éventualité semble plus que probable aux yeux de cet observateur perspicace de la nature humaine car il a décelé depuis longtemps chez ses compatriotes des comportements sidérants comme venus d'ailleurs ou inspirés par d'autre civilisations hostiles ,prédatrices et déjà pretes ,en ordre de bataille ,pour envahir nos villes et nos campagnes .

L'enfer des autres dans l'éden tant désiré

Alio est un passionné d'histoire, surtout celle qui raconte les exploits, les aventures et mésaventures de son défunt père et celle de ses aïeuls. Il racontait souvent la légende de l'un de ses aïeuls qui est partie à l'aventure, à travers le monde dit-on à pied et sans le sou. Il avait traversé des contrées non répertoriées, des déserts arides et hostiles , d'autres chauds et humides, des montagnes vertigineuses et des cours d'eau impétueux. Il avait effectué des dizaines de pèlerinages profanes et sacrés, suivi de macabres processions, assisté à des rites sanglants au cérémonial mortifère et diabolique , il a rencontré des peuples sauvages célébrant des sacrifices et des rituels atroces, d'un autre âge. Il a parcouru les steppes glacées des terres septentrionales ainsi que les forêts ensorcelantes de l'extrême orient et celles du soleil couchant En ces temps-là les longs voyages el les déplacements étaient réellement des expéditions complexes et de longue haleine souvent dangereuses et sans garantie de retour . Mais ce qui fascinait Alio dans ces voyages, ce sont les légendes et les récits extraordinaires que relataient ses parents. Comme un enfant ébahi Alio reprenait ces fabuleux récits, et les racontait de nouveau sans relâche, sans répit, en accentuant le suspense et les situation angoissantes. Il était toujours question de dragons d'animaux fabuleux, de Sirènes, de contes des Mille et une Nuit, d'Ali Baba et ses supposés quarante ou mille voleurs repentis etc ... etc ... etc...

U2 7.0 avait une vie à recoller par morceau, par bribes, par souvenir en s'inspirant d'un passé lointain et de morsures récentes et de cicatrices encore douloureuses. Pour le moment il est en quête de normalité, de repaires en béton pour avancer, surtout avant d'affronter ces machines diaboliques. Il adopta une stratégie simple, basée sur constat simple : les machines, les robots, les systèmes de fibres, de puces de circuits etc. etc. etc. ne peuvent réfléchir d'eux même, n'ont pas de libre arbitre, ne pensent pas, n'élaborent pas d'eux-mêmes des plans ...mais exécutent avec une précision mécanique, froidement des ordres et des instructions venues de quelque part. Donc il faut s'atteler à débusquer les donneurs d'ordres, les téléphones rouges aux injonctions perfides et assassines, les publicités aux promesses alléchantes, les messages, les messagers, les codes et les directives coupables, pour pouvoir enfin neutraliser ces machines ou peut-être, en prendre le contrôle. Vaste chantier, programme démentiel et sans perspectives aucune pour un simple bureaucrate, compétent, discipliné de surcroit, célibataire endurci, sans femme, pas d'enfants, même pas de chat à nourrir chez lui, ni de fiancée à entretenir ou à cajoler. Il faut échafauder des plans machiavéliques, sans pitié, mon ami se dit-il, pour prétendre à un succès ou une ébauche de réussite dans cette bataille qui s'annonce sans merci, sans répit, sans loi entre un être de chair et de sang et cette armada de machines qui a pris ses quartiers dans ton domicile et peut-être également ailleurs dans tous les recoins de la terre .

Alio a aujourd'hui un rendez-vous important chez, un spécialiste auquel il a été recommandé: un psychiatre chevronné dit-on. Il voulait tirer au clair , avec ce spécialiste, les raisons de son désarroi , cerner ce qui lui arrive ,ce qui se passe dans sa tête, dans ses rêves, la part de vérité, de mensonge aussi dans ses visions ,dans ses hallucinations nocturnes . Dès son installation sur le divan ,il relata au médecin sa vie de tous les jours , avec un souci du détail : l'ambiance de travail dans le bureau, les collègues, les amis, les matches de football, les tournois de rami et de belotte ,la drague, les blagues et puis son retour quotidien à son studio et puis rien ...rien...rien de rien .Le médecin , visiblement, assommé par la longue litanie de jérémiades de Alio ,lui tapota l'épaule en ricanant :cher ami tu n'est pas malade ,tu n'est pas aliéné, tu vie comme tout le monde et tout le monde vis comme toi !Rassuré par le ton détaché du médecin et non par son diagnostic , il regagna son domicile déçu , en se disant qu'il y a beaucoup de charlatan en médecine interne et décida de se confier, bien plus tard ,à l'un de ses collègue réputé pour être branché sur le para normal, sur les mondes parallèles, sur des mondes cachés ou invisibles ,sur des mondes lointains etc... etc... etc. ...

U2 7.0 était perplexe depuis quelque jours les machines et les robots domestiques ont un comportement inhabituel, bizarre, inquiétant. Le soir ils sont hors d'usage (on off) dès 22H et le matin ils ne sont fonctionnels qu'à partir de 07H du matin. Lui qui s'était habitué à leur ronronnement et leur présence envahissante n'avait plus de raison de leur en vouloir de le déranger ou de l'espionner. Une contre-offensive se prépare peut être en coulisse il faut dévoiler les intentions de l'ennemi ou changer de stratégie. Les machines ou leurs maitres ont –ils eu vent des actions sournoises qui se trament ,qui se préparent dans leur dos ,contre eux ? Il se décida :il est dit-il essentiel et urgent de regagner leur confiance, d'aplanir les difficultés, de régler les problèmes en suspens, d'établir un climat de détente et peut être de cordialité et pourquoi pas signer des accords de non-agression et même des accords tactiques peut être stratégiques avec ces satanés machines, robots, cartes mères, circuits imprimés et surtout avec leur algorithme en chef ,qu'il soit maudit à jamais et enchainé pour l'éternité avec ses semblables dans l'enfer des machines et des trouvailles maléfiques de cette improbable fin de siècle.

Alio : Le traintrain quotidien s'installant petit à petit avec l'accoutumance et un peu de résilience et beaucoup de fatalisme , il s'estima plus serein, plus combatif bien qu'au fond totalement désespéré. Il tira une première conclusion sans illusion aucune en se rendant compte avec une évidence sans équivoque que la visite médicale effectuée était ratée car le médecin (psychiatre) et son diagnostic était vraiment à côté de la plaque. Alio est au bord du précipice il est décidé d'aller jusqu'au bout de son entétement : il allait se confesser et « ouvrir » son cœur à l'un de ses collègues auparavant, ciblé pour sa grande science et ses compétences en matière de paranormal et de psychologie alternative. La consultation médicale -confession, eut lieu dans un coin isolé, lors de la pause repas de midi. Le patient relata à son collègue les détails et les raisons de son inquiétude et de son angoisse. Le collègue-praticien resta dubitatif pendant de longues minutes, puis son visage s'éclaira- une bouée de sauvetage pour le patient –tu n'est pas malade mon cher ami, tu es surtout « habité » et je peux te soigner rapidement car beaucoup de nos collègues rassure –toi- souffrent et ont les mêmes symptômes que toi Je vais te prendre en charge comme les autres. Cette dernière phrase électrocuta Alio qui resta figer, angoissé car maintenant il est sûr et complétement fixé sur son sort, sur son avenir, sur son boulot, sur ses amis, sur son avenir – en résumé il est foutu, mort et déjà enterré car ayant perdu tout espoir de solution ou de remède à ses inquiétudes tandis que la petite lueur d'une guérison pathétique s'est maintenant dissipée à jamais ,de son esprit tiraillé et du fond des entrailles de son corps .

La vie d'après dans l'esprit du philosophe tourmenté

U2 7.0 avait une question existentielle à résoudre en urgence : qui a occupé, colonisé et asservi cette terre, cet astre en premier : est-ce les êtres humains (comme lui) ou les machines ? De prime à bord les machines ont une longueur d'avance puisqu'elles semblent provenir d'ailleurs peut-être l'émanation d'une volonté supérieure, en tous les cas plus élaborée . Forgée avec et dans des alliages parfois rares et recherchés, ces machines font preuve d'efficacité, semblent éternelles incolores, indolores, sans état d'âme, sans cœur, sans peur, sans reproches et surtout pas d'esprit de contestation, pense-t-il. Peut-être qu'il y a des Alien, des E.T derrière tout cela .Mais en toute logique il n'y croyait pas les seules hypothèses plausibles pour lui et dans ce cas , convergent vers une probable conspiration de loges maçonniques débridées ou d'êtres humains révisionnistes qui ont décidé d'éradiquer la plus grande partie de l'humanité y compris sa personne : serait- il victime de cette purge ,est -il en plein dedans avec cette partie d'humain déjà condamnée , qui est appelée à laisser sa place parce que c'est comme cela , c'est l'implacable loi de sélection naturelle des espèces, tout aussi bete que méchante Questions subsidiaires mais combien angoissantes : mais pourquoi ? Où peut- t-on aller? Où se cacher ? Comment un simple citoyen pacifiste, non-aligné, non-revanchard, pas syndiqué, légaliste, pro IVG, progressiste, prolétaire et propriétaire non exploitant, militant écolo en jachère, croyant fervent, pratiquant sans forfanterie sa religion , aussi bête que discipliné, compatible biologiquement avec 1/9ème de la population du globe, comment en est-il arrivé là? Il ne veut pas baisser les bras ,pas disparaitre comme cela, faire les frais d'un règlement de compte entre des adeptes végan et non végan ,entre les bons qui ont tort et les méchants cyniques mais triomphant ,entre les grands , gros beaux et les crève la faim sympathiques mais prisonniers d'une fatale destinée, entre ceux qui aiment la soupe au lait et ceux qui détestent leurs voisins, entre ceux qui se lèvent très tôt et ceux qui cultivent les patates surgelés ,entre les tire au flanc flamboyants et ceux qui veulent abolir l'esclavage des peuples sans terre, entre ceux qui assument un travail non rémunéré et ceux qui tirent sans sommation, sur tout ce qui bouge , sur tout ce qui respire .Il ne voudrait pas enfin faire les frais d'un combat de titans entre un Spiderman désenchanté et un Superman dégonflé ou entre le syndicat des coureurs de fond en faillite et la force de dissuasion non nucléaire de pauvres autochtones d'un ilot perdu , sans attraits touristiques ni signes extérieurs d'agressivité passive ou de richesse détournée.

Alio était fasciné par les épopées légendaires et également les récits réels que lui avait relaté son père, sa grand-mère, ses oncles, et ses tantes, très souvent au coin d'un feu de cheminée, surtout en hiver, durant les longues soirées de décembre. Son père était un brave homme, toujours à la recherche d'une bonne action, d'un conseil à dispenser, d'une âme à guider. Montagnard de naissance et puis citadin d'adoption il a été circonscrit à deux reprises et a participé à la 2ème Guerre Mondiale avec une fougue et une abnégation hors du commun. Il a été blessé au ventre par l'éclat d'un obus qui a failli le couper en deux. Après sa convalescence, il est renvoyé dans ses foyers fier mais grandement handicapé, et cela tout juste avant la fin des hostilités. Il a été décoré de deux médailles militaires, avec mention et félicitation, quelques mois avant son décès. Alio fantasmait tout le temps sur les exploits de son père et son grand-père. Il se mettait en scène pour de beaux rôles, pour de périlleuses missions dans un monde au bord de l'hécatombe nucléaire. Ses collègues supportaient avec abnégation et bienveillance ses longues tirades donquichottesques et ne se lassaient pas de le taquiner de le relancer avec toujours les mêmes vannes et les mêmes sorties de blagues.

U2 7.0 n'avait aucune envie de partir comme cela de cette terre, il se décida de se lancer dans l'écriture ,pas celle de mémoires insipides et justifiant généralement une incompétence ou des ratées de vie, mais plutôt l'écriture de ces témoignages acerbes pour dénoncer cette dictature rampante liée à cette colonisation ,à cette invasion de machines ,de réseaux et de connections à l'infini, installés dans son domicile ,dans sa vie et entre ses amis ,ses frères ,ses sœurs , et même entre des inconnus parfois avec des adversaires si ce n'est pas carrément des ennemis. Il se devait dit-il de témoigner et de dénoncer ces incursions invasives, ces menaces rampantes, sans raison valable, sans ultimatum. Où se cache le bon sens d'antan, le jour a t-il peur de se lever, de réveiller le soleil qui se dérobe ,qui ne veut pas assumer ses responsabilité de Roi sans couronne ? Les autres habitants de cette ville et tous ces citoyens toujours pressés, qui se cachent derrière leurs femmes et leurs enfants, en guettant un salaire de misère sont-ils conscients de cette intrusion et surtout cette prise en main de la vie de chacun, dans des buts jusque-là inavoués. Et toujours cette litanie, ces incantations d'un autre temps pour se donner le courage et se lever le matin pour ne pas perdre pied et se croire immortel . Il se devait de dire et de clamer cette vérité insidieuse à chaque instant et ce danger mortifère, sinistre constat devant cette menace qui guette ce monde déjà momifié, anesthésié, saturé d'incertitudes et cette humanité sans repère qui creuse sans cesse des sillons de désespoir et navigue à vue d'œil vers une destinée fatale, probablement apocalyptique.

La légende du sphinx et de la pyramide retournée

U2 7.0 s'est imposé un certain nombre de règles pour essayer de tenir tête à ces machines car sans règles de vie, on ne peut demeurer à côté de ces engins sans risque d'être entrainé dans une guerre peu conventionnelle surement asymétrique, vers une pente fatale, une chute sans parachute vers l'enfer des vaincus. La première de ces règles étant d'être toujours sur ses gardes et d'anticiper les mauvais coups par une floraison de compliments et de formules d'une politesse surannée destinés à tromper la vigilance de l'adversaire : bonjour, bonsoir ,ok bien , oui bien sûr ,c'est cela ,vous avez raison ,vous avez un beau plumage et des dents d'ivoire etc ... etc.... etc , surtout quand on n'a aucun atout entre les mains : ni arme de destruction massive ou partielle, ni armée à mobiliser en un clin d'œil et c'est notre cas maintenant .La seconde règle de conduite étant d'éluder les discussions byzantines sans queue ni tête , même si on est en mesure d' aligner une centaine d'arguments valables et une défense à toute épreuve ou en béton ferraillé .On peut ajouter à cela la faiblesse des moyens mis à disposition pour le moment et cette incommensurable solitude qui ronge les cœurs, écrase nos fragiles espoirs, et brise toute velléité de révolte ce qui est également notre cas maintenant. La troisième règle de conduite , qui peut justifier les deux premières étant de se garder toujours de toute parole invective , de vivre sereinement votre déchéance , cette solitude et ce silence apaisant , cette infinie douceur pente raide vers l'inconnu des abysses, motus et bouche cousue ,être muet comme un cadavre oublié , surtout quant à l'évidence on peut facilement se perdre en conjonctures hasardeuses avant de se rendre compte qu'il n'y a pas d'avocats chevronnés dans les parages et qu'en cas d'urgence il y a peu d'espoir d'avoir des secours ou de s'esquiver par une issue secrète ou par une porte dérobée. Néanmoins par acquis de conscience, de prudence et surtout par excès de prévention , on se doit d'avoir aussitôt après l'échec du plan A ,ci –dessus , qui n'est pas obligatoirement le plus inspiré ou le plus pertinent ,un plan B et trois autres plans de substitution , comme réserve du chef , sont en embuscade ,ceux-ci incluant dans leurs perspectives et projections une improbable invasion d'Alien agressifs et dominateurs , une interminable éclipse solaire ou une fatale et mauvaise interprétation de signaux d'alerte émis par un astre agonisant et bien sur cette foutue conjonction de présages qui nous interpelle au soir de cet obscur et néfaste alignement de planètes .Ce sont là les contours de son imparable système de défense qui va probablement s'écrouler rapidement en raison du peu d'enthousiasme et d'entrain de ces milliers de parias qui espèrent vivre en paix meme sous le joug et la dictature obscure de ces machines dépourvues de pitié et de condescence .

Alio aimait les animaux, seulement domestiques .Il avait un chat trisomique, autiste , aveugle et exceptionnellement intelligent et sociable , dénommé Mario .Cet animal était une source d'inspiration et d'espoir pour lui, dans cette bataille sans répit, contre les machines C'était une des raisons qui le poussait à rendre visite régulièrement à sa mère et c'était l'occasion pour lui de se ressourcer auprès de Mario , en le cajolant et surtout en s'inspirant de toutes ces techniques ingénieuses que pouvait déployer cette charmante créature pour se mouvoir, se nourrir ,boire et parfois s'amuser comme un fou .Une petite boule de poil avec de grand yeux noisettes ,magiques, qui vous regardent sans vous voir, mais qui en revanche pouvait déceler de loin l'arrivée de son maitre, et qui se déplaçait au son et à la voix, qui ronronnait comme un moteur diésel dès qu'il est effleuré ou faisait l'objet de caresses de la part de son propriétaire. Un lien étrange et mystérieux liait les deux complices : Alio ne comprenait pas pourquoi et comment son chat pouvait le distinguer parmi les autres membres de la famille et notamment d'où tenait-il ce charme enjoliveur et cette force qui vous force et vous attire vers cette petite béte ?

Rien ne sert de courir pour arriver à la fin des temps

U2 7.0 était au bord d'un précipice de doute et de colère. Il ne voyait aucune perspective heureuse se dessinant à l'horizon dans sa vie dans sa relation avec ces machines et ces robots d'autant plus qu'il déprimait en constatant son immense solitude car il ne pouvait compter sur personne. Il pouvait crier casser sa vaisselle ses meubles personne ne s'inquièterait de son état puisqu'il est plus que probable qu'il n'y avait personne dans les environs. Pris d'angoisse et de pensées destructrices et suicidaires il s'est allongé sur son lit en pleurant comme un enfant perdu dans un désert sans limite et sans fin . Subitement il se redressa débarrassé de ses angoisses ,il avait d'instinct compris que pour tenir le coup, pour survivre , pour arriver à bon port ,pour casser cet embargo sans faille , il fallait raffermir ses ambitions , élargir l'éventail de ses opportunités pour prétendre à un avenir meilleur et voguer en liberté vers des horizons sans frontières .C'était une question de temps et d'organisation :il avait beaucoup de provisions et du matériel conséquent, pour tenir et s'habituer à un long siège. Vivre en vase clos où hors réseaux exige des sacrifices, de l'abnégation, de la patience et surtout la maitrise de techniques de survie élaborées parfois simples mais astucieuses Il a décidé d'établir des plans rigoureux, pertinents concrets et fiables, pour gérer l'ensemble de ses activités domestiques du matin au soir. Donc dès le réveil il faut du tonus, une petite séance de sport (étirements surtout, élongations, pompes), tout de suite après un copieux petit déjeuner (café au lait, café noir, tartines au beurre et à la confiture plus une boisson fruitée) et enfin direction le coin bureau où aura à s'occuper jusqu'à midi, en élaborant des plans, des stratégies ou en inventant et en perfectionnant des techniques de survie, de combat ou simplement d'endurance. Il s'attellera ensuite à la préparation de son repas médian, car s'occuper de tâches ménagères et surtout cuisiner reste pour lui, l'instant attendu, un moment capital pour son corps et pour son esprit pense –il. En parlant de nourriture de l'esprit, il est sans hésitation ni concession aucune, très à cheval sur les moments de prière. Moments de sérénité absolue ,de grande contrition et d'humilité .Vers quatorze heure c'est la sieste, un moment de détente et de rêverie sans limite , jusqu'à seize heure, après un petit café, retour au coin bureau jusqu'à dix-huit heure .Ensuite une séance de sport (vélo et autres) d'une demie heure ,avant le retour en cuisine pour préparer un autre repas moins consistant mais toujours aussi attrayant ,ce qui va être son occupation et ce jusqu'à vingt heure Après son diner ,c'est la phase détente :lecture pause musical et projection de films choisis par un robot sans aucune concertation ou forme de contestation de qui que ce soit. Un fil d'information redondant défilait en boucle, dès vingt heure sans interruption, sur tous les écrans avec force de détails et où il était question surtout d'hygiène, de santé corporelle, d'environnement immédiat à préserver, de respect du voisinage, d'austérité et d'économie de toute forme d'énergie.

Alio était en retard aujourd'hui ce qui était très rare ,le travail pour lui c'est du sacré ,mais il avait une excuse en béton : c'est le premier jour du mois sacré de Carême (Ramadhan).Arrivé au travail ,il remarqua que l'agitation habituelle était absente des bureaux ,il s'installa discrètement sur sa chaise et jeta un regard furtif aux alentours, ses collègues présents étaient tous plongés dans un silence de tombe , de cimetière et de méditation abyssale .Rassuré par la normalité de cette situation, en ce jour, il se laissa aller en rêveries en pensant déjà à la rupture du jeune (dans exactement onze heures et sept minutes), avec les premières cuillerées de chorba (soupe) et les premières bouffées de cigarette. Bien calé dans sa chaise, il entama avec minutie le tri de ses documents de travail. Cette tache généralement anodine se transforma en une corvée qui dura plus d'une heure. Cette besogne expédiée ,il se recala de nouveau dans sa chaise en se disant que dans cette position il pouvait piquer une petite somme sans attirer l'attention des collègues.

La détresse sans fin du l'homme déchu

U2 7.0 est assis à même le sol prostré ; béat, en face d'un mur, d'un écran qui débitait à longueur de temps des messages, de la publicité ,des conseils parfois , des ordres et surtout une litanie d'interdictions ,de mises en garde de mise en demeure et parfois de menaces à peine voilées . Ce sont des moments pénibles, d'une grande détresse et également de profonde méditation sur son sort, sur l'avenir de ses congénères, sur le destin de cette planète perdu dans l'immensité sidérale. Il n'avait aucune idée sur le reste de l'humanité, il imaginait des populations désemparées, des foules sur les routes sur les chemins escarpés, des migrants, des émigrés, des femmes, des enfants égarés, des hommes perdus, des habitations désertées, sans portes ni fenêtres, sans toit pour s'y abriter, ni balcons pour s'y prélasser. Il voulait agir ,mais faire quoi de particulier pour aider les autres , pour soulager ces populations désemparées quant le ciel et le mauvais sort leur tombent sur la tete et cette satané idée fixe de rédemption ratée qui ronge les esprits et vous plonge directement dans les bras de ces voraces sirènes qui se moquent de vos tourments d'homme déchu ,tout aussi de votre statut de ministre sans portefeuille ou celui de président d'honneur d'un temple et son culte paien .

Alio est sur les nerfs la journée de carême a été longue, vivement le domicile pour se préparer un repas de fête. Alio aime cuisiner et manger en ce mois durant lequel il faisait des miracles et des merveilles en cuisine. Dans la frénésie des achats de ces derniers jours , il a tout acheté parfois en double surtout les ingrédients et denrées indispensables en ce mois :de la viande ,du poulet, des abats , du pain et des galettes ,des fruits, des légumes, des boissons ,des fromages ,des abricots secs et bien sur les immanquables sucreries spécialités du mois sacré .Et chaque jour c'était la même farandole les mêmes achats en plus ou en moins ,une obsession, un plaisir ,un rituel à ne pas y déroger sous aucun prétexte .Sa cuisine est devenu une annexe de supermarché et également une gargote de quartier tellement les effluves de cuisine y sont tenaces . Il avait un malin plaisir de faire l'éventail de ses achats et en tenir une minutieuse comptabilité sur un carnet à double souche (comme dans son boulot) et de procéder également chaque soir ,dans un rituel immuable, au décompte des dernières minutes, des dernières secondes de carême pour savourer ces derniers instants d'un jour en moins ,gagné sur la folie des instincts et sur cette improbable soif de boire tout son saoul et de manger jusqu'à épuisement total. Au premier tempo de l'horloge témoin, c'est la ruée pour se gaver de nourriture et pour siroter son premier café devant ces robots, ces écrans qui pense –il n'ont rien compris à la beauté du geste majestueux du jeuneur écrasé .

U2 7.0 à demi endormi pensait au monde extérieur et à la population dehors : dans quelles conditions vivait –elle ? Mais une autre question plus importante taraudait son esprit : comment entrer en contact avec cette population amie ou ennemie, civilisée ou arriérée, de l'humain ou de la bête pour transmettre au moins un message et l'informer de sa situation ? Beaucoup de versions, beaucoup de thèses, d'interrogations trottaient dans sa tête mais peu de réponse, sauf cette petite flamme qui noyait son esprit d'espoir : ce monde est un monde parallèle, irréel et que la normalité des choses va reprendre le dessus peut être demain , après demain sinon dans un proche avenir, ce qui est une excellente nouvelle et de bonne augure car il s'est décidé à chercher et peut être de trouver l'âme sœur et se marier et avoir beaucoup d'enfants.

Un crépuscule d'or et d'argent sur Mars

Alio se disait manuel et bricoleur car il avait des doigts agiles et l'esprit vif. Pour lui l'intelligence se résume dans la dextérité du geste et la précision de l'acte que ce soit pour un maçon, un plombier, un menuisier ou un couturier c'est l'accomplissement pratique de la tâche qui compte. Il martelait mordicus sa fameuse thèse sur l'intelligence et ses corollaires qui se résumaient en la capacité d'utiliser de façon ingénieuse ses mains, ses pieds, ses outils et bien sur sa matière grise. Il croit dur comme fer que la parole et le langage ne sont d'aucune utilité pour ériger une palissade, construire un mur, fabriquer une table ou se tailler un habit. A ses yeux l'usage exagéré ,de la parole, par l'homme a eu des conséquences désastreuses sur les capacités cognitives et sur la réactivité des autres facultés et sens et va se traduire souvent par des blocages et des inhibitions .Ceci étant ce phénomène va brider fortement nos performances intellectuelles et surtout aboutir à une déformation profonde de notre perception de la réalité des choses et compliquer des situations qui à l'origine étaient naturelles et simples .Il est convaincu que le fait d'avoir monté et démonté des dizaines de fois des centaines d'appareils ,de mécanisme complexes ou non , il a considérablement élargi son horizon intellectuel et affiné sa pensée , son approche et son regard envers toute sorte de chose et de créatures vivantes sur terre. Quand on arrive à comprendre le fonctionnement d'un objet mécanique dit –il, souvent l'on s'inscrit dans une logique plus globale, celle-là même qui a prévalu dans la création de l'univers et des lois physiques qui le régissent, de par la volonté de son Unique concepteur et Créateur.

Alio est très souvent sollicité par des parents, des amis, des collègues pour les dépanner ou réparer des appareils de toute sorte. C'est un fait social établi qui lui donne un immense pouvoir de séduction et un incommensurable satisfaction Mais au titre d'un bémol de circonstance il est nul en appareillages électroniques et en mécanique auto. Il disait souvent comme pour se dédouaner que l'électronique et l'informatique ont rendu les hommes des partisans fidèles du moindre effort, aussi moins réactifs, plus nerveux, plus sectaires plus sectaristes, peu débrouillards, plus faibles, plus malades et probablement moins intelligents.

Le dernier soupir du pélican noir

Alio n'est pas venu aujourd'hui au bureau. En matinée son absence n'a pas suscité de réaction, car entre collègue on respectait les usages de la boite, une coutume bien établie où l'on s'ingéniait à trouver toujours des excuses, et des prétextes imprégné d'une complice tolérance, quand les collègues sont en retard, solidarité oblige, union sacrée dit-on entres employés d'une même boite . A la sortie des bureaux ses plus intimes collègues étaient réellement dans l'embarras, un peu inquiets en constatant qu'aucun d'entre eux n'avait eu de nouvelles de ce collègue si doux ,si attachant. Les propos restant vagues chacun essayait d'animait la discussion sans trop de conviction jusqu'aux arrêts de bus, où l'on se sépare pour prendre la direction des domiciles respectifs . Le lendemain , et aussi le sur lendemain, un statut quo angoissant a envahi ces bureaux habituellement, très animés par une atmosphère des plus conviviale .On jetait des clins d'œil furtifs vers la chaise du collègue désespérément vide , toujours aussi solitaire ,aussi source d'inquiétude .Une atmosphère de deuil, moite ,dense , toxique, faite d'interrogation , de doute et de peur sournoise hors de contrôle , commençait à polluer les relations d'habitude sereines dans ce bureau où certaines personnes n'hésitaient pas à entretenir un climat de suspicion en soulevant des interrogations absurdes , aussi stupides qu'alarmantes, telles que : à qui le tour maintenant ?Pourquoi un si gentil garçon est enlevé aux siens ,sans cause valable , ni raison justifiée, ni intention de nuire ,ni demande de rançon ? Un long mois pénible s'est écoulé sans aucune nouvelle, sans espoir d'autant plus que les services de Police et de Gendarmerie qui ont été alerté et n'avaient à ce jour fourni aucune réponse satisfaisante. On se disait qu'il y avait trop de mystères dans cette absence, on baignait dans le banal fait divers , peut etre tragique ,on se réfugiait dans le surnaturel et des hypothèses aussi farfelues les unes que les autres commençaient à trotter dans les esprits malmenées des employés : c'est peut-être le début de la fin du monde ou peut être une action malveillante d'une grande puissance, une probable conspiration de l'étranger ou une machination de nos ennemis qui souhaitent surement une partition de ce grand pays ou qui veulent nous asservir ou détruire tout simplement ce pays. Certains parmi les plus audacieux et les plus prévenants conseillaient à leurs interlocuteurs de se préparer au pire, de déménager ou d'envoyer femmes et enfants chez les grands parents dans les campagnes reculées ou dans les massifs montagneux impénétrables, à l'intérieur du pays, loin de toute cette civilisation polluée et décadente.

D'autres plus pragmatiques et moins frileux voulaient se donner du courage et se rassurer car au fond ne dit-on pas que mêmes les morts pouvaient se manifester d'une façon ou d'une autre et que l'on ne pouvait pas disparaitre comme cela ,surtout à cet âge , dans cette grande ville pleine de vie ,d'âmes charitables ,de de femmes de bonne volonté , de bons samaritains , de foyers pour nécessiteux et vieux solitaires et d'asiles pour les malades les moins chanceux.

.Il y a maintenant une année que la disparition d'Alio est actée et prise en charge par le fameux et non moins célèbre : Bureau National des Enquêtes non Elucidés sur les Personnes Disparues sans Laisser de Trace ou du Moins une Lettre d'Adieu (BNEPDLTMLA ,le BED pour les intimes). C'est une vision hideuse et inquiétante qui vous accueille , quand vous etes devant le siège du BED ,reconnu mais non déclaré officiellement ,un immeuble crasseux ,truffé de petits coins , de petites salles ,de cagibis ,de bureaux sans fenêtres , de fausses portes ,de salles d'attente d'une affreuse banalité, desservis par des dédales de couloirs étroits , en forme de faux tunnels, peu propices aux confidences car le son s'y propage aisément en de plaintives et grinçantes sonorités. Pour accéder au bureau des réclamations c'est une tout autre histoire, un long et interminable cheminement à travers les vestiges désuets d'une autre époque , et cette damnée routine qui vous ramène toujours devant une employée défraichie , d'une administration tatillonne confiée à une foule de rats de bibliothèque antipathiques et cette terrible nonchalance de bureaucrates , qui se meuvent , circulent sans raison valable, qui acceptent en dépôts des documents, reçoivent et rangent en piles des dossiers déjà condamnés par de vagues délais de cloture , déjà morts , enterrés ,avant meme d'etres feuilletés ou consultés par qui que ce soit . Ils vous regardent sans vous voir, ils vous entendent sans vous écouter et s'oublient souvent en jetant un regard fatigué sur cette paperasse ,dossiers froissés de petites gens désespérées, qui rongent leurs freins en pensant que ces grattes papier, ces personnes qui leur ressemblent au fond , sont leur seule alternative et unique bouée de sauvetage, à laquelle il faut s'agripper coute que coute ,s'y attacher un moment et faire confiance en maugréant , y croire un instant au moins, pour supporter leur mauvais aloi et aussi pour les amadouer quelque peu en se confondant en plates excuses et leur donner l'impression de mériter tant peu soit-il, leur piètre condition de vie et justifier leur salaire de misère. Il faut ici par soucis d'équité évoquer aussi le Bureau des Rumeurs qui est une extension discrète du BED, et dont les employés sont généralement des personnes recyclées issues d'obscures administrations, sans qualifications précises (formées sur le tas affirme –t-on). Ce Bureau ,émanation des âges obscurs d'avant les Grandes Guerres de religion , recueille toutes les rumeurs d'où qu'elles viennent et également confectionne ses propres rumeurs ,ses propres scénario , ses propres légendes et ses propres versions truquées sur tout et rien de particulier . Il établit et adresse à des autorités fantomes , des rapports journaliers (Bulletin des Rumeurs Quotidiennes) ,des rapports hebdomadaires(Bulletin des Rumeurs Hebdomadaires) ,des rapports bimensuels (Bulletin des Rumeurs bimensuelles), ,des rapports mensuels (Bulletin des Rumeurs Mensuel), des rapports trimestriels (Bulletin des Rumeurs Trimestriel), des rapports annuels(Bulletin des Rumeurs Annuel) détaillés et concis sur l'état d'esprit de ces couples sans problème ,sur le moral de jeunes inactifs et sans domicile fixe en age de procréer ,sur les moins jeunes inaptes au service militaire ,sur les femmes seules ou dépressives ,sur les enfants illégitimes non abandonnés et sur toutes les populations marginales, alternatives ou vagabondes en préconisant souvent des actions fermes de la part des autorités locales .Ce Bureau dit –on peut faire et défaire dans l'ombre des carrières ,briser des ménages ancestraux ,élever au zénith de simples bureaucrates où écraser sans pitié ,et bannir à jamais, des sommités ,des intellectuels ,des médecins ,des professeurs ,des partisans politiques en rupture de ban, des hommes d'affaires louches mais aussi peu recommandables, des migrants sans le sou ,des touristes sans peur et sans reproche ou de simples citoyens réfractaires. .Les employés de ce bureau se croient investis d'une mission sacrée , quant ils vous parlent , ils vous haranguent comme des prêcheurs de bonne et mauvaise parole en affirmant que la rumeur est une création diabolique d'un laboratoire étranger , qui a échappé à tout contrôle et qui se nourrit de l'incertitude des peuples et souvent de la lâcheté du Régent et de ses zélateurs . Ils vous affirment, la main sur le cœur, les yeux dans les yeux ,les doigts sur la bouche que la rumeur ne peut être apprivoisée c'est un enfant illégitime qui brise tous les codes et toutes les manières de bienséance .La rumeur est un leurre affirment –ils ,c'est une surface plane sur laquelle glisse un vent de colère et d'où surgissent des tempêtes, des reniements spectaculaires et des déchirures brutales . Elle nait les soirs de tourmente autour de tables desservies, sur les rives du désespoir dans des cerveaux encombrés qui veulent en découdre rapidement avec tout le monde ,avec toute la terre. Elle est tapie en chacun de nous et peut surgir n'importe où n'importe quand mais revient toujours sur ses pas et arrive souvent à ses fins. Elle exulte dans la foule et détruit à petit feu les héros du jour ,consume le prestige d'une médaille ou réduit en cendre les lauriers d'un valeureux combat.

Epilogue tragique d'un destin souverain

Des années sont passées sans aucune nouvelle : les amis d'Alio se sont dispersés certains de ses collègues sont en retraite ou décédés, l'administration des cas de disparus(BED et ses extensions) a fait l'objet d'un procès retentissant qui s'est traduit par de lourdes peines et de lourdes amendes ,son personnel a été dispersé aux quatre vents ,en secret ,dans une dizaine de pays sans possibilité de retour ou de pardon ,ses bureaux ont fait l'objet d'un immense autodafé qui a duré toute une nuit, et enfin ses extensions ont été désarticulé et effacée des Annales de la République .Et cette petite ville qui entre temps a dépassé le million d'habitants semi clandestins ,a digéré avec avidité ses quartiers banlieusards et a englouti dans des bouchons interminables et un vacarme incessant toute les senteurs de campagne , tous ces champs de blé et tous ces jardins potagers d'antan qui ont rassasiés tant de panses et tant de foyers de nécessiteux .Où est-il parti notre ami ?Pourquoi d'abord maintenant ? Pourquoi partir quand on est jeune sympathique sans histoire, sans dettes, sans ambition, sans femme attitrée , sans enfants à cajoler ? Est-il encore en vie ou déjà en enfer ou à l'orée du paradis des innocents oubliés Il est sans doute en cavale ou dans l'attente d'une procès ou encore migrant sans répits, sans relâche, à la recherche d'un asile, d'une terre accueillante, d'un âme tolérante, d'un refuge de préférence vers une lointaine contrée , sur une ile déserte perdue dans un océan non encore répertoriée, ou en quête de l'ultime graal ? Est-il mort et enterré n'importe où soldat inconnu victime collatérale d'un conflit entre super puissances, cadavre oublié sur une plage du Pacifique sud ou victime anonyme d'une guerre jamais déclarée ni relatée dans les pages du journal officiel du pays , ou dans les livres d'histoire scolaire. Peut-être est-il encore en vie loin des regards loin des hommes et plus près de Dieu. Peut-être qu'il plane et vole comme un oiseau de proie au-dessus des nuées matinales, dans une autre dimension plus clémente auprès des siens ou peut être serait- il confiné, ad vitam aeternam, dans le vrai paradis de cette noblesse de petites gens, avec son père sa mère, ses petites sœurs, ses amis, ses collègues. Peut-être qu'il n'a jamais existé ou mis les pieds sur cette terre qui l'aurait certainement renié à moins que ce ne soit un ange déchu, ou une idée de génie ou une invention saugrenue de ces hommes et de ces femmes pétris d'orgueil et d'ambition qui ont peur des mauvaises surprises d'un avenir incertain et n'ont pas confiance en ces lendemains absurdes, qui souvent déchantent.

Alio a consommé sans le vouloir, sans le savoir ,sa première partie de vie dans un combat sans but évident sans ambition pour espérer une histoire durable . Il n'a pas choisi d'épouse ,il n'a pas eu d'héritier mais il a cumulé une grande expérience qui sera un atout majeur pour lui, dans cette autre vie qu'il ne cesse 'imaginer .Il aurait voulu choisir à sa manière une sortie plus théatrale mais sans effusion de sang ni chagrin pour les siens .Il aurait voulu chevaucher les plaines septentrionales et les steppes désertiques avant de dire adieu aux autres et ne pas laisser la place au chagrin ou au désespoir des séparations douloureuses .Il avait beaucoup de regrets assumés et avait beaucoup de choses et de compliments à distribuer à gauche et à droite avant de clore ce débat stérile sur l'avenir si sur et certain de cette terre humaine ou animale en attendant avoir le temps de philosopher sur le retour des beaux jours furtifs de l'été indien ou de ces autres illusions de jeunesse, égarées ,perdues en de vagues promesses ou en vengeances inassouvies .Avant de partir Alio s'est projeté sans aucune garantie dans une autre dimension sans regret ni espoir de retour en arrière. Il doit maintenant passer le relais pour saisir sa chance au plus vite car JED, son extension d'esprit et de corps est sur le point de voir le jour , il va arriver d'un moment à l'autre bout de la terre ,loin de cette ville qui se consume , il va arriver en pleine montagne dans un monde exaspéré, à l'orée d'une sombre guerre qui ne dit pas son nom mais combien cruelle portée sur le dos de pauvres épaves de misère , sans espoir de victoire éclatante ni de vaincu achevé, mais plutôt une seule certitude ,un seul héros le peuple ,un peuple debout dans toute son éclatante splendeur.

La longue marche des tortues argentées vers l'ultime destination en atlantique –Sud

L'hiver est là bien installé dans son épaisse brume et son soleil blafard, morne et capricieux. Les jours de décembre étaient synonymes, en ces temps-là, de gel et de vent glacial, surtout quand il fallait sortir dehors très tôt pour s'occuper des bêtes et chercher du bois pour chauffer la grande pièce et préparer les repas.

Dans la maison plongée encore dans l'obscurité les enfants dormaient, blottis les uns contre les autres sans autre soucis que de faire durer encore la longue nuit de sommeil.

Les ainés allaient se réveiller d'un instant à l'autre, la mère accéléra sa cadence car le père et le grand père viennent de franchir le portail d'entrée et la cafetière n'a pas encore délivré ses effluves odorantes, heureusement que les galettes brulantes étaient à point et pouvaient être servies et consommées. Il ne fallait pas faire attendre le patriarche qui était toujours de mauvaise humeur quand la vieille cafetière paresseuse à souhait, était lente à expulser ses effluves aromatisés.

Par chance cette fois elle ne se fit pas prier, elle cracha avec colère dans un sifflement assourdissant, son breuvage tant attendu au grand soulagement de la mère qui s'empressa de servir le vieil homme, qui observait jusqu'ici la scène dans un silence inquiétant.

Date et lieux de naissance au hasard ou au choix

JED est né en un mois de Décembre pluvieux et glacial.

Il ne savait pas où il pouvait atterrir sans encombre. Il fallait se décider à choisir une mère et un père pour ne pas se perdre en conjecture, en lamentations, en jérémiades et en débats sans fins.
La sage-femme était sur le grill, d'autant plus qu'elle était fatiguée des allers et retours au domicile de la patiente et surtout elle avait plein la tête des commentaires acides et perfides sur ses compétences et ses prévisions quant à la date probable d'accouchement.
Dieu dans sa grande Miséricorde en a décidé autrement car le jour de sa naissance, la sage femme a pris du retard, et le bébé a foulé le sol comme une vieille souche de palmier, bien sûr avec l'aide d'une matrone et d'autres voisines invitées de circonstance.
Le bébé a atterri sur la vieille natte, en pleurant un torrent de larmes et en gigotant comme un poisson de haute mer, pris dans une nasse.
En constatant les petits sourcils en bataille et la lèvre pincée du bébé, la sage-femme poussa un long soupir, tout en réconfortant la mère, en lui disant de s'armer de patience avec ce qui semble être une petite boule de nerfs, de tracas, de soucis et également sans aucun doute de joie et de moments de plaisir.

Ses ancêtres sont des montagnards, ils sont nés dans cette montagne, semi-aride mais néanmoins verte et miraculeusement boisée de pins et de sapins. Fatalement et selon une logique immuable, bien établie, il est prédestiné au travail des champs et aux soins des chèvres, des moutons, des vaches; des mules et des mulets.

Si ça ne tenait qu'à son bon plaisir il aurait aimé naitre au bord d'un océan aux rivages escarpés, entre la mer du Nord et les steppes d'Asie et travailler dans des champs de blé denses et généreux, immenses, sans limite ni fin. Mais pour faire plaisir à sa mère qu'il adorait et qu'il chérissait plus que tout, il est venu au monde comme un petit ange extirpé d'un tableau ou d'une fresque baroque , à première vue sain de corps et d'esprit, ce qui a grandement soulagé les membres de sa famille , tout le monde était agréablement surpris et satisfait , son père, sa mère, ses tantes, ses oncles ,les voisins et les voisines , sauf son frère ainé qui a senti déjà de l'animosité à son égard dans les grands yeux du bébé, du moins c'est ce qu'il a avoué , des années plus tard.

JED est venu au monde tel une promesse non tenue par ses géniteurs, un saut dans l'inconnu de la vie courante et a débarqué dans un monde en éclats, sans aucune garantie de survie coincé entre un frère ainé revanchard et une sœur cadette rigolote, sans possibilité de respirer à l'aise ou de bouger le petit doigt, au sein d'une famille de neuf personnes mais aux extensions tellement démultipliées et embrouillées qu'il avait comme tuteurs et parrains des dizaines de tantes, d'oncles de cousins de cousines disséminées dans toutes les régions du pays ainsi qu'à l'étranger .

JED a été inscrit dans l'unique école primaire du village avec un retard tellement conséquent que l'officier d'état civil, en même temps responsable des inscriptions scolaires en zone campagnarde, ne s'était pas contrôlé en plaisantant et en riant à pleines dents, tout en tapotant sur les épaules du gamin, « ce grand gaillard (kbir, kbir) grand, grand) Madame, est dit –il, plutôt mur pour le mariage que pour une scolarité en primaire ».
La pauvre tante, qui a accompagné l'enfant, en a été tellement humilié qu'elle n'évoquera cet épisode que des années plus tard quand JED avait entamé ses études universitaires.
Il fallait voir la scène de cette pauvre femme analphabète qui chantait et dansait en criant « mon petit est devenu un homme, mon petit est devenu un homme, il va aller à l'Université ».

Pour courir ,il faut d'abord marcher au bord du précipice

Pour JED l'épisode primaire, qui n'a duré que trois années au lieu de quatre en raison de ses aptitudes scolaires, a été très instructif surtout grâce à l'abnégation et au dévouement de deux enseignants émérites : Mr René et Mr Georges, des personnes hors du commun, des personnages de fiction, de roman, qui ont marqué pendant longtemps la grande et la petite histoire, de la scolarité dans le Village.

Mr Georges, alsacien par ses aïeuls mais plus indigène que tout autre, exerçait une foule de taches et de responsabilités : Directeur du cycle primaire puis du moyen (CEG), en plus d'une fonction d'officier de l'état civil en tant que délégué (officier) municipal (de la Commune Mixte).

Il était également petit propriétaire foncier, paysan, agriculteur et aussi éleveur de bovins, d'ovins, de caprins, de chevaux de trait et de mulets. Indigène dans son quotidien, il avait une certaine habitude de taquiner sa femme et la faire enrager en discutant en patois local avec ses employés ce qui faisait dire à sa pauvre femme que « Georges lui faisait des infidélités en plein jour ».

Mr Georges était également surnommé, par les collégiens : Mr mandat, car il avait la tache de procéder à la distribution tous les trois mois, des mandats de la bourse départementale. Quelle cérémonie et quel cérémonial, les élèves étaient au garde à vous dans la cour du collège, très excités, dans l'attente de l'énoncé de leurs noms, pour ensuite s'élancer comme des effrénés et saisir la carte mandat, en bafouillant bien sûr, un merci monsieur, inaudible.

Ce jour-là les collégiens regagnaient leur domicile, contents et fiers de leur exploit, en bombant le torse, quand il remettait le mandat, bien sûr, à leur génitrice. La somme de ce mandat était encaissée par le père qui n'oubliait pas pour l'occasion de gratifier son fils ou sa fille, par l'achat d'une friandise, bien méritée.

Pour sa part Mr René était l'archétype de l'enseignant de ces temps-là. Fonctionnaire- enseignant du Ministère de l'Education, il ne faisait que ça et ne vivait que pour cela.

Toujours tiré à quatre épingle, le premier arrivé en classe par tous les temps, il avait été l'enseignant attitré de plusieurs classes en cycle primaire, puis en cycle moyen au Village et enfin plus tard au niveau d'un lycée de la ville avoisinante. Il a enseigné en plus du français, le calcul (puis les maths), l'histoire, la géographie, le dessein et plus tard au lycée, les cours de philo, pour des classes de Terminales.

Féru également de sciences naturelles et d'histoire, il organisait souvent des travaux pratiques sur certains sujets et thèmes, comme il était toujours disponible pour organiser des sorties en campagne ou dans le Village pour illustrer ses cours d'histoire, par l'exemple, en visitant dans la région, des monuments et des vestiges allant de l'époque préhistorique (grottes), à celle romaine(ruines) et également des époques arabe, ottomane et française.

Il dissertait d'une façon naturelle, simple et attrayante sur différents sujets, il était tout aussi, à l'aise en évoquant la préhistoire de la région à travers de minuscules morceaux de silex que de fragments et bouts de flèches préhistoriques ou en déchiffrant les messages véhiculés par des coquillages encastrés dans la roche, tout aussi étonnement préservés.

Il évoquait de légendaires fleuves préhistoriques là où on ne pouvait distinguer que des lits de rivières disparues, depuis longtemps, asséchées.

Il se faisait un plaisir évident en traduisant et en expliquant dans les détails, le contenu de stèles romaines ou en évoquant l'architecture arabo mauresque et ottomane présentes dans le tombeau d'un Saint local (Marabout) dont l'imposante coupole, domine le village et toute la vallée.

Il illustrait également ses propos sur la période française en disséquant l'architecture de la petite église ainsi que celle des docks et de la petite gare

On ne pouvait oublier son admiration devant une bâtisse particulière qui était érigée au beau milieu du Village, siège d'une ancienne administration Ottomane, une construction imposante et majestueuse, entourée d'un jardin fourni en arbres fruitiers, isolé des habitations et cernée par un petit bois de sapins et de pins.

Les statues de marbre ne s'inclinent pas pour le plaisir

Mr René imposait un énorme respect, d'ailleurs tous ses collègues enseignants et ses élèves témoignent de sa probité intellectuelle, sans faille et de son honnêteté intellectuelle, car il n'avait jamais essayé de faire passer un quelconque message ou délivrer un mode de vie ou de conduite à ses élèves, sauf évidemment, cet entêtement particulier d'enseignant de Village, à vouloir aller vers l'excellence et parfaire avec toutes les civilisations humaines.

Il était chaleureux et amusant avec ses élèves, plein de bonhomie et de générosité. Un jour cependant il surpris son auditoire en culotte courte en affirmant que l'on n'avait pas besoin de diplomes pour vivre mais par contre on avait besoin de retenir certaines dates pour ne pas se perdre dans les chemins de la vie .Ce commentaire sibyllin faisait suite à une mauvaise réponse d'un collégien concernant l'histoire contemporaine du bassin méditerranéen.

Totalement intégré au sein du Village où il était très respecté , d'ailleurs il n'a jamais été inquiété par qui que ou quoi que soit, durant son séjour au village, séjour qui duré plus d'une quinzaine d'années. Il était foncièrement attaché à ce Village, d'autant plus qu'il y a rencontré et épousé en à la fin des années cinquante sa femme, une jeune infirmière alsacienne. Il est parti un matin sans crier gare, vers une destination nombreux amis et ce tout au long de l'année scolaire (1970-1971) c'est du moins, ce que l'on affirme dans le Village. Ce départ était prévisible car il ne se lassait pas d'évoquer cette éventualité, c'est-à-dire sa prochaine retraite, qui devait intervenir dit-il, dans quelques mois.

Il avait dit-on bien muri son projet depuis quelque temps mais ne pouvait se décider à partir, car il n'avait pas encore choisi sa destination ni la date de son départ. Quelques mois plus tard la nouvelle de son émigration vers une ile du Pacifique (Guadeloupe ou la Martinique) circula dans le village où beaucoup d'habitants vont garder en mémoire pendant longtemps, cette frêle silhouette qui vous laisse derrière elle cette odeur persistante de fumée de tabac qui s'échappe de cette pipe si particulière, constamment bourrée ,bien callée entre les dents ,avec ce panache de fumée ,cheminée odorante, signe d'une activité débordante et d'une présence rassurante et combien familière. Il avait dédié un sublime poème, à ce coin du pays, de cette terre qui l'avait accueilli en ami, en frère et qui lui a accordé surtout hospitalité et grande estime.

Parmi les enseignants du primaire et du moyen, JED a gardé également le souvenir vivace de deux enseignants de langue Arabe et d'histoire/géographie: Mr Nacer et Mr Abdel, qui exerçaient leur travail avec une abnégation remarquable et une grande générosité. Mr Nacer toujours alerte ,toujours sur la brèche comme il le soulignait, avec un esprit vivace d'adolescent rebelle et une verve sans limite .On se bouscule dans sa classe empressés d'assister à un spectacle et à des démonstrations de savant prolixe et disert, on ne peut se lasser d'écouter ses anecdotes parfois coquines ou pas et ces tranches de vie qu'il débitait d'un air goguenard .Il vous apprenait les mots de la vie ,des mots d'adultes ou de vieilles grand mères ,souvent oubliés. Il ne pouvait se lasser de répéter qu'il voulait transmettre à ses élèves des connaissances académiques mais surtout des leçons de vie ,des leçons de vies vécues ,des leçons de quartiers éclatés ,de coin de rue .Mr Abdel pour part est plus réservé mais aussi savant ,parfais bilingue ,il ne se lasse pas

d'illustrer souvent ses cours par des travaux pratiques improvisés et un matériel pédagogique parfois des plus inattendus .Son dada ,étant d'évoquer sans se lasser les anciens royaumes magnifiques d'Andalousie désertés et abandonnés sans gloire , à cause de princes dévoyés ,noyés dans la luxure et le vice .Il faut pleurer dit-il Grenade et Séville comme des femmes ,faute de ne pas les avoir défendus comme des hommes (en paraphrasant la réaction d'une mère d'un prince déchu) mais aussi précise -t-il ,il faut glorifier l'héritage laissé par ces royaumes à la civilisation humaine et méditerranéenne en particulier . Ces deux enseignants étaient à la disposition de leurs élèves, en tout temps et en toute circonstance.
On ne peut s'empêcher d'y penser avec tristesse et cette nostalgie du temps qui passe inéluctable vengeur qui vous force à enterrer , sans scrupules ,des tranches de vie pour ne pas avoir ce sentiment de regret et cette rage d'impuissance devant ce passé qui ne cesse de vous interpeller pour mieux vous consumer .

Ces deux enseignants hors pair ont passé l'intégralité de leur carrière dans le Village où d'ailleurs ils ont pris une retraite bien méritée.

La guerre et ses tourments éclatés...

La guerre et ses tourments était en second plan comme un décor de cinéma, pour JED et ses amis, qui ont passé leur enfance et leur temps de loisir à la « chasse et à la pèche » comme ils aimaient le souligner.

La période de chasse était permanente pour eux, sauf aux moments de nidification et quand les oiseaux élevaient leurs petits, selon les ainés du Village. Armés de petits canifs, de tire boulettes, de lances pierres, de glue et de casse-croute, la petite bande, fonce dans les champs à l'exemple d'une nuée de sauterelles, et ce dès le petit matin, notamment les jours de vacance. Elle met toute sa force et son ingéniosité dans la traque de tout ce qui bouge ou vole, rien n'échappe à la sagacité de cette jeunesse, ni à ces yeux de jeunes rapaces et surtout à cette insondable cruauté infantile.
La petite bande installe un sommaire campement à l'orée d'un petit bois, prépare les pièges et se met à l'affut, tout en guettant les cimes des arbres pour actionner les lance pierres, avec une adresse parfois couronnée de succès inattendus.

Vers la mi- journée, les petits chasseurs marquent une petite pause casse-croute, avec un morceau de galette, des dattes, parfois des fruits de saison ou en cas de chasse fructueuse, ils se font un petit rôtis (méchoui) avec leur maigre proie. La chasse peut reprend de plus belle, à la fin de la pause, sur fond de compétition et de traque de toutes les petites bestioles, qu'ils se font un malin plaisir de massacrer, dans une joie et une excitation indescriptibles.
Dès le début de l'après-midi et surtout avant seize heure, ils plient bagages pour revenir au Village et ce pour ne pas avoir à subir les foudres des soldats du barrage de contrôle militaire, installé à l'entrée du Village.

Cette fois la chasse n'a pas été fructueuse, le résultat est mitigé avec deux passereaux, un scorpion jaune (destiné à une cruelle compétition) et une petite tortue qui s'est égarée dans leur campement. Néanmoins cette petite bande n'oublie jamais, surtout en hiver, de faire provision de cardes sauvages, de thym et d'autres aromes à ramener dans leurs gibecières, pour calmer « la maison » (les mamans en code enfants), d'ailleurs chaque période de l'année avait ses plantes et racines à prêtes à être récoltées gratuitement, il faut le souligner.
Il y avait également en automne et au printemps, la période de récolte de pommes de terre quand les champs ont été déserté par les ouvriers agricoles à la fin de la récolte et que ces champs étaient livrés à la population. C'est une vieille tradition séculaire qui permettait aux pauvres du Village de glaner ce qui pouvait rester comme légumes dans les champs. Ces occasions étaient une véritable aubaine pour les enfants du Village qui vont s'abattre comme des nuées de rapaces sur les champs pour dénicher ce qui pouvait être ramassé comme pommes de terre oubliés ou négligés par les ouvriers agricoles. C'était autant d'économies pour les familles en ces temps d'austérité et de privations.

Les virées consacrées à la pêche dans la rivière, ce sont surtout celles organisées après les violents orages du printemps et en été quand il pouvait y avoir beaucoup plus de poissons matures et que le temps y était plus clément. Ils s'organisaient en petit groupes pour dénicher les retenues de rivière où les poissons vont se réfugier, afin d'étaler leurs filets, qui en réalité ne sont que des morceaux de moustiquaires, bricolés avec de la corde et des lests en ferraille. Après avoir perturbé la mare avec d'énergiques frappes de bâtons, deux volontaires se glissaient dans l'eau et ramenaient la moustiquaire vers la rive, tout en raclant le fond de la rivière.

Cette opération est répétée environ toutes les demi- heures jusqu'à épuisement ou jusqu'à ce que le résultat soit probant et surtout doit être interrompue, en tout état de cause, avant le début de l'après-midi car il est de coutume de quitter la rivière en fin de matinée pour ne pas enfreindre certaines croyances et certains mythes très vivaces dans la région.

Le fruit de la pêche était généralement cédé à un gargotier du village qui se contentait de donner quelque pièce de monnaies, maigre butin, à se partager entre le groupe d'amis.

Les membres de ce groupe avaient des liens très forts d'autant plus que pour sceller leur amitié, ils se sont affublés du nom « animaux sauvages en chasse » avec pour chacun du groupe, un animal fétiche dont il prenait le nom et essayait d'en mériter les qualités. Il y avait aussi deux autres formes de chasse très courantes dans la région, celle à la gerboise et au lapin de garenne, qui était pratiquées généralement en automne. Pour la chasse à la gerboise, la petite bande avait ses petits secrets et ses petites astuces et avait en préférence le système de la cruelle chasse à la noyade, notamment après les orages, car il suffisait de verser des bidons d'eau dans les terriers pour déloger les proies, néanmoins ce type de chasse en période de sécheresse était plus fastidieux et également plus éprouvante surtout en hiver, quand il fallait surveiller les sorties de terriers qui ont été préalablement piégés.

En complément d'autres pièges sont dressés aux alentours des terriers pour multiplier les chances de capture mais les pièges qui sont généralement de construction rudimentaire, n'ont pas souvent l'efficacité escomptée.

Quant à la chasse au lièvre sauvage et au lapin de garenne ; elle était réservée aux adultes qui partaient de bon matin les fusils en bandoulière, accompagnés d'une meute de chiens de chasse et de ces petits chenapans qui étaient là pour le plaisir d'observer les chasseurs dans leurs œuvres et éventuellement ramasser les proies et porter les sacs à provision.

En dehors de ces occupations bien établies, la petite bande se faisait un malin plaisir d'organiser avec d'autres gamins du même quartier, des parties de football interminables, qui prenaient l'allure de combats de rue, de duels sans vainqueur ni vaincu, égayées d'altercations, de bagarre et d'arrêts de jeu, ce qui en faisait des parties de foot, sans fin puisque les deux protagonistes ne vont lâcher prise, qu'en cas de victoire partagée, reconnue et acceptée par les joueurs des deux équipes.

Durant ces matchs qu'on avait affublé d'une étrange locution « jouer à la casse », les deux équipes tapaient avec acharnement, dans une balle d'aspect défraichi, sans pause ni répit et ce au-delà du crépuscule, souvent jusqu'à la tombée de la nuit, quand la petite balle disparaissait dans le noir pour devenir invisible et que les coups de pied aux tibias de l'adversaire, sont plus fréquents, plus douloureux et surtout plus flagrants.

En dehors de ces occupations très prisées, le groupe d'enfants, s'ingénie et s'amuse, à se lancer des défis régulièrement, en organisant des opérations parfois périlleuses, quand les gamins projettent, d'escalader, le mur d'un cantonnement militaire, situé au sein du village, L'incursion était généralement réalisée, en début d'après-midi, quand les bidasses sont au repos après le repas de milieu de journée. Il s'agissait pour le groupe d'amis de récupérer surtout et uniquement de la nourriture.

JED trouillard et en raison du fait qu'il était le benjamin et qu'il n'avait pas de courage ou pas de culot pour escalader le mur d'enceinte, était chargé du guet et se devait de récupérait rapidement le butin qui était balancé par les autres chapardeurs, par-dessus le mur du cantonnement.

Ces expéditions étaient parfois concluantes à tel point que les jeunes chapardeurs en ramenaient, une partie des victuailles à leurs domiciles. Des années plus tard, on a pu savoir, à travers divers témoignages, que les jeunes conscrits du cantonnement avaient, dès le début décelé les incursions des petits chenapans, qu'ils n'ont d'ailleurs jamais inquiétés, en constatant qu'ils récupéraient seulement les restes de nourriture abandonnés sur les tables , c'est pour cette raison que les jeunes voleurs n'ont pas été intercepté et de cela ne se sont jamais fait prendre.

Un autre type d'actions assez courantes pour ces gamins, ce sont les incursions vengeresses et raids sur les territoires des autres bandes, dans un autre quartier du Village, quand il fallait récupérer un objet volé par une autre bande de gamins ou laver un affront et châtier les agresseurs et leurs alliés ainsi que leurs amis. Ces incursions se soldaient très souvent par des bagarres générales qui ont été inscrites d'ailleurs, dans les annales et les esprits nostalgiques de certains villageois, d'autant plus que les écorchures et les petites blessures récoltées, seront là pour justifier les représailles et la colère des parents. Les petites bandes de gamins du Village étaient également en compétition permanente sur d'autres sujets beaucoup plus ludiques ,plus pacifiques, comme celles de la collection de bandes dessinées appelées communément, par les gamins « les journaux », occupation combien prenante qui faisait l'objet d'une féroce concurrence mais également de discussions enflammées, de palabres interminables, de négociations serrées, d'échanges d'insultes, de prêts sans garantie de retour, de ventes immédiatement récusées, de vols avec violence, d'agressions de jour et de nuit, d'escarmouches et bien sûr de bagarres récurrentes entre les gamins les plus vindicatifs de ces bandes. Le roi des « journaux » était sans conteste un gamin, d'une douzaine d'années qui avait en sa possession un trésor inestimable aux yeux de tous : une collection de plus d'une centaine d'exemplaires d'autant plus que ce gamin était toujours en mesure d'acquérir, dès leur exposition sur les étals de la librairie du village, tous les nouveaux numéros de Blek le Rock, de Nevada, de Mandrake, de Bunny de Super Man, de Tintin, de Tartine etc. …etc…

JED traversera les années de guerre en animal blessé, traqué, avec des souvenirs meurtris, des moments de privations, de peur, de faim tenace, de soif de paix et de liberté, marqué à jamais de multiples blessures dans son corps et dans son esprit.

Il avait en tête ces cohortes de populations sur les chemins de campagne en déplacement continuel, et ces déménagements incessants avec sa mère et sa sœur, pour quitter les flancs de montagne vers le village, puis vers la ville, puis retour à la case de départ en réaménageant en catastrophe, en montagne, sur les terres ancestrales.

Il avait souvent des rêves d'enfant gâté, oublié par la nature, il rêvait de calme, de paix retrouvée et de joie immense dans un monde aux couleurs d'un printemps éternel, baignant les cœurs d'espoir, de sérénité, de calme et de volupté.

Il voulait oublier, effacer de sa mémoire ces scènes d'horreurs mesquines et ces cris qui s'entrechoquent dans sa tête pour ensuite envahir son esprit son corps et cette guerre qui ne veut pas dire son vrai nom, ni d'ailleurs son but ou ses intentions cachées à travers cette insolente méprise et ce déni d'une civilisation belliqueuse que l'on veut triomphante à tout prix.

Il n'y a pas de bonne guerre pour JED toutes ces guerres sont des tragédies injustifiées, toutes les guerres se valent en horreur, une guerre est une guerre qu'elle soit de libération (justifiée), de conquête (injustifiée) de colonisation (la plus condamnable), la guerre reste un pan d'histoire haïssable à bannir, à enterrer, une grande détresse pour des populations sans défense et des peuples déchirés, marqués à jamais du sceau de revanche, de cette soif de vengeance.

Il gardait en son for intérieur de vives blessures et des déchirures encore vivantes, vivaces de ces corps de maquisards déchiquetés, exposés aux quatre vents pendant des jours et des jours et ces enfants en guenilles perdus sur les routes de campagne, exil forcé de pauvres créatures insouciantes, souriantes au passage de camions bondés de jeunes circonscris l'air soucieux, également égarés sur cette terre hostile, en route pour le djebel (montagne) dans l'espoir d'une traque sans gibiers, sans combats, et surtout sans morts ni blessés dans les deux camps.

Des années plus tard, il se rendit à l'évidence en faisant certaines rétrospectives, que les années de conflit et son enfance de troubadour lui ont été bénéfique à plus d'un titre dans sa quête de paix et de liberté.

Il a connu en partie les affres de cette guerre absurde qui ne veut pas s'arrêter, une guerre contre un peuple, contre ces populations sans défense, en continuel déplacement parfois parquées dans des camps de fortune, oubliés, dans des nos man's land, perdus dans l'immense steppe, pour affirme-on laver un affront ou tout simplement en guise de représailles pour le plaisir de punir, sans raison probantes, ni justice évidente.
Pourquoi donc punir ces femmes si dignes et ces enfants d'un courage insolent qui n'osent pas quémander un crouton de pain ou des restes de nourriture malgré cette faim aveugle, qui les tenaille, malgré ce vent glacial qui brise les élans du cœur et disperse leurs haillons .JED garde de ces moments de douleur et de grande solitude, ces instants de rires et de batailles de ces enfants en essaims et en guenilles qui courent dans tous les sens car n'ayant aucun compte à rendre à qui que ce soit ,ni aucun soucis particulier pour interrompre leurs jeux innocents.
Il s'est endurci, précocement muri, de ces souvenirs, il a appris et compris beaucoup de choses de la vie dans ces dures épreuves, qui ont tracé des

sillons d'amertume dans les cœurs de ces braves gens qui croisent votre regard sans haine, ni regrets.
Dans son cœur apaisé par ce lourd héritage, il était confiant, prêt pour affronter la vie d'adolescent et même plus tard celle d'adulte et d'homme normal , tout simplement.

Et puis vint la délivrance de ces corps enchainés et de ces esprits persécutés...

Et puis vint la délivrance tant espérée, tant désirée, tant attendue, celle des corps et des cœurs, la délivrance, tant redoutée par d'autres consciences accrochées aux basques perfides d'un passé décomposé, l'indépendance cruelle déchirure de vérité, avec ses joies extrêmes et ses foules bigarrées de manifestants ivres de joie et d'insouciance. Ces cortèges colorés de drapeaux flambants neufs ou en lambeaux et ces vestiges de symboles écorchés ou ces accolades torrides sans arrières pensées, ces bousculades sans fin et ces fêtes improvisées à longueur de jour ou de nuit.

Et surtout, ce souvenir vivace d'une invitation à ce couscous géant, en partage, dans de gigantesques plats et plateaux, devant toute les demeures, dans chaque maison, et enfin la parole libérée dans cet énorme éclat de rires de ce maquisard blessé, torturé , mais vivant de rage, rescapé du dernier quart d'heure .Et puis ces mères qui pleurent, qui rient, qui chantent et qui dansent en même temps , la joie du fils retrouvé ,du cousin perdu en route et cette quête solidaire pour panser les blessures et apaiser les chagrins de ces nombreux orphelins, perdus dans leur enfance éclatée de solitude. Et puis il y a ce vieux brisquard brigand sur les bords mais résistant émérite qui avale goulument ces fruits de mer ,sous les applaudissements et les rires parfois moqueurs de ses compagnons .Le gaillard écrasait sous ses dents , au début du repas, des bouchés de crevettes sans les décortiquer jusqu'à ce qu'il soit pris d'une toux féroce et qu'un convive daigne lui expliquait en rigolant l'art et la manière de se tenir à table, de s'essuyer la bouche et de consommer des crustacés en paix et en toute quiétude.

JED comme tout autre adolescent, suivait le cours des événements sans trop en saisir la portée ou l'importance mais ressentait néanmoins une immense joie de constater l'allégresse ambiante et surtout un immense soulagement de ne plus avoir à supporter les jérémiades hypocrites et les scènes théâtrales de l'une de ses tantes, qui pour l'occasion, a récupéré son mari, libéré sain et sauf après une année d'emprisonnement pour des faits de droit commun, qui ont été subitement transformé, par l'intéresse et sa femme, en des prouesses de guerre d'un brave résistant qui a supporté avec courage les affres de la prison, pour la libération de son pays.

JED a gardé de ces premiers jours inoubliables de l'indépendance, une scène surréaliste d'un homme ,bien habillé pour l'époque, déclamant à tue tète un texte, dans la rue, en plein soleil, d'une voix cassée ,angoissante « nous enterrerons nos morts en silence, nous labourerons de nouveau nos terres pour ne pas oublier, nous récolteront nos moissons sans amertume, nous sécherons nos larmes aux premières lueurs de l'aube, nous reviendront hanter vos nuits en hiver, en été, toute l'année, nous reviendrons pour vous traquer dans vos certitudes, nous reviendrons pour réclamer justice au nom de tous les innocents, nous reviendrons en masse, en silence, jusque dans vos demeures, jusque dans vos couches jusqu'à la fin des temps, InChAllah, Amen ». JED n'avait rien compris dans les phrases déclamées, mais il a été touché et ému, par l'aspect physique digne de cet homme, ainsi que par son apparente détresse.

Après la scolarité insouciante au village JED est brusquement confronté au brouhaha de la ville quand il a accédé au lycée en ville où il a été inscrit en internat.

Il avait beau fouillé dans sa mémoire il n'avait que peu de souvenirs des trois années d'internat au lycée de la ville. Il gardait cependant une mémoire vivace de ses premiers contacts avec la vie citadine, le comportement étrange des citadins et surtout celui des lycéens externes envers les lycéens internes, généralement des villageois, des campagnards ou parfois des montagnards, jugés incultes qu'il était de bon aloi d'ignorer superbement et surtout de ne pas fréquenter.

Le seul souvenir probant qui est resté en traine de cette période du secondaire avait un gout d'inachevé et d'amertume sauf peut-être pour les quelques mois d'exercice comme pion (maitre d'internat) vacation de

nuit, dans un autre lycée où il a été en complète symbiose avec les élèves internes qui d'ailleurs l'avaient adopté dès les premiers jours.
C'était des instants de joie et de grande complicité entre jeunes filles et garçons qui dans des duels épiques transformaient les deux heures d'étude en de véritables joutes oratoires sur les sujets et les matières au programme ainsi qu'en des concours sans fin en matière de sciences, de connaissances, entre ces jeunes lycéens assoiffés de culture et d'échanges rhétoriques.

L'enfer tant désiré : Universitaire et bureaucratique ...

Après l'obtention de son baccalauréat (avec mention précise –t-il souvent), JED se jeta avec empressement dans « l'enfer universitaire », expression labellisée en faculté et à travers les grandes écoles par son cousin préféré et ami d'enfance.
Inscrit en agronomie et en littérature française, il aura à subir avec les premières années agronomie, le pire et le plus atroce « bizutage » de cette année, selon certaines annales universitaires.
Cette année fut également la plus agitée, la plus prolifique en manifestation et en protestation estudiantine avec des regroupements et des meetings chaque jour, en continue à l'intérieur des campus, avec des A.G interminables, au grand plaisir de JED qui découvrait cette ambiance avec ses nouveaux amis et se délectaient des discours enflammés des leaders estudiantins qui se croyaient sur les pavements de la Sorbonne ou dans un temple de la démocratie grecque.
Les nouveaux étudiants vont également découvrir l'action semi clandestine de groupes d'étudiants agressifs se proclamant tout autant de droite, de gauche ou d'extrême gauche, et aussi des groupes d'obédience religieuse et d'autres carrément anarchistes qui citaient fréquemment une fameuse « adresse aux révolutionnaires » émanant d'une certaine Internationale Socialiste.

Bien que séduit et parfois fascinés par les discours et la propagande des uns et des autres les nouveaux venus avaient du mal à suivre cette agitation et en bons provinciaux étaient méfiants et réticents d'autant plus qu'ils ne se sentent pas concernés par un engagement dans l'action

militante de ces groupes, et qu'ils n'avaient aucune idée et également aucune information, ni confiance dans cette mystérieuse et lointaine organisation internationale.
Cette première année d'université s'écoula rapidement, riches d'enseignements et de surprises car au plan académique tous les partiels furent bâclés et l'année universitaire des premières années a été clôturée, sans grande pompe, dès le début du mois de Juin, à la satisfaction des étudiants et au grand soulagement des enseignants.
Le retour au Village pour les grandes vacances était, une sacrée et solide tradition bien ancrée dans les esprits de ces étudiants , une grande bouffée d'oxygène synonyme de veillées sans fin ,de parties de cartes, de rami, de belote, interminables dans une atmosphère joyeuse et conviviale empestant la cigarette bon marché ,les casses croute de merguez et les mille feuilles, dégoulinants de crème et de sucreries et bien sur le petit café noir bien corsé, dans une ambiance baignée de sempiternelles chansonnettes orientales et surtout ragaillardie par les couplets triomphants et guerriers de rengaines patriotiques inusables .

Dans ce chapitre il faut néanmoins souligner la place d'honneur réservée à une diva moyen orientale dont les chansons sont reprises à tu tête et en chœur, quand le cafetier se décidait à mettre sur son vieux tourne disque, l'un de ses trente-trois tours réclamé à haute voix et en chœur, par toute l'assistance.

Le petit café du Village ne désemplissait pas de ces jeunes étudiants ou lycéens qui s'entassaient dedans, au grand plaisir du cafetier, honorable maquisard, qui était toujours fier de voir et d'accueillir ces enfants du pays, qui ont réussi à poursuivre des études supérieures dans de grandes villes.

Il y avait là Abdou sacré gaillard, tout en finesse, intelligent et surtout malicieux, toujours prêt à faire une blague sur le dos des autres et puis il y a Noro cigarette, éternellement collée au bec avec son air de Tarantino (dit –il) et ses tirades révolutionnaires à ne pas en finir et puis il y a Nagi le taciturne qui ne joue pas ,qui ne consomme pas qui vient pour l'ambiance et le chahut et puis il y a le plus jeune Kajo qui ne dit rien qui écoute et consulte souvent Noro pour ensuite s'éclipser pour de bon et puis il y a le bagarreur qui l'ont surnomme double tête avec ses histoires de trains fantômes, de chemin de fer à ne plus en supporter et puis il y a Casa toujours bien soigné qui ne cesse de boire des sodas et d'aligner des grilles de mois croisés et puis il y a le grand Kar qui n'aime pas les cafés ,qui n'aime pas la « ronda», ni le domino, ni le rami, qui vient aussi pour l'ambiance, pour le chahut, parfois dit–on pour vérifier qu'ils sont tous là, présents, tous ses amis et camarades. Il y a aussi Bario que tous ce beau monde déteste amicalement mais qui a une terrible dégaine en foot Ball. Il y a aussi le grand escogriffe qui fait le décompte de points ,par ce que féru de calcul et de chiffres, il y a aussi les autres qui n'ont pas droit à la parole qui n'ont pas de place assise qui se contentent d'applaudir les gagnants ou de blâmer les perdants, et puis il y a ceux qui font monter les enchères pour se saouler de sodas ou pour s'empiffrer de mille feuilles, sur le dos bien sur des perdants et puis il y a le reste des consommateurs qui suivent régulièrement l'atmosphère de ces joutes excitantes , en applaudissant très forts les exploits des plus chanceux ou en maudissant les autres joueurs, qualifiés de bras cassés car ils n'ont pas su prendre leur revanche. Le petit café ne désemplissait jusqu'à des heures tardives, c'était d'ailleurs là, un style de vie sans partage, une étrange fascination dans cette étrange habitude, cet entêtement de jeunesse que de passer les deux mois de grandes vacances, dans ce Village en fournaise d'été, loin de la cote où les plages sont évidemment disputées et recherchées par de bons pères de familles et des nuées de vacanciers revendiquant un peu de fraicheur et peut être un peu de bonheur.

Le programme restant immuable , inchangé ,on se bouscule, on se chamaille fraternellement pour les chaises dans le café, dès la matinée avec une pause sieste et évidemment reprise des tournois de cartes jusqu'au crépuscule et puis encore une dernière fois reprise des duels dans un esprit de revanche ou d'ultime der des ders .Plus tard dans la soirée on se bouscule pour déambuler dans les ruelles désertes du Village , jusqu'au petit matin en se délectant de la petite brise qui se lève , tout en s'extasiant plein d' admiration devant cette voute céleste combien étoilée et magique , sous ces latitudes méridionales .Les jeunes étudiants et lycéens avaient une curieuse habitude de parler du Village en insistant sur la majuscule ,au lieu d'évoquer son nom propre :Thaala, qui au demeurant ,avait une longue histoire derrière lui.

La deuxième année universitaire a été beaucoup plus studieuse car les nouveaux venus ont saisi rapidement l'astuce qui est d'une banale simplicité : au niveau du palier universitaire il n'y a pas de contrainte et d'obligation de la part de l'administration et les étudiants peuvent assister et suivre les cours ou ne pas y assister.

JED et ses amis ont de ce fait vite fait leur choix et ont opté pour l'assiduité dans le suivi de leurs cours et ce pour au moins prétendre à un diplôme. Accessoirement, ils ne se lassent pas d'assister aux actions revendicatives estudiantines et écouter les boniments d'inlassables tribuns quand cela ne piétinent pas sur leur programme et leur cours.

Les deux autres années universitaires s'écoulèrent sans grande surprises, avec des soutenances sans éclats et le déversoir sur le marché du travail après une inscription obligatoire au Bureau National de l'Emploie. Après avoir épluché des dizaines d'offres d'emplois JED jeta son dévolu sur une administration ministérielle qui embauchait sans tests, ni sélection des licenciés de toutes les branches et spécialités mêmes nouveaux diplômés avec ou sans qualification particulière.

Fraichement diplômé et à peine extirpé de « l'enfer universitaire » JED se retrouve immédiatement embauché dans une administration étatique où il est directement désigné, à sa grande surprise : Chef du Bureau Statistiques et Prospectives au sein d'une immense et tentaculaire : Direction Générale des Moyens, des Personnels, des Marchés Publiques, des Infrastructures, des Statistiques, de la Prospective et de la Sécurité du Patrimoine.

Le Bureau en question compte en son sein en tout et pour tout deux employés, deux autres employés y ont élit domicile avec une secrétaire en partage avec les deux autres Chefs de Bureaux mitoyens, de curieux personnages très sélectifs en parole mais au demeurant, sans aucune qualification apparente.

Au début de sa carrière, dans ce bureau, il n'avait pu saisir des propos, de son chef hiérarchique, qu'une vague idée de sa tâche, de son travail. Celui-ci lui semblait rébarbatif et n'avait aucun sens car il n'obéissait, à son avis, à aucune logique, ni bon sens : JED recevait régulièrement des piles de documents que lui remettait l'un des employés, ces documents portaient sur des statistiques très techniques qu'il n'arrivait pas à appréhender ou à en saisir la portée ni même à en comprendre quelque peu le contenu.

Ces mêmes documents sont récupérés dans l'après-midi par la même personne pour, êtres ensuite classés, dans l'un des nombreux casiers ainsi que dans un rayonnage infini et dans des hideuses armoires métalliques défraichies, sales, hideuses, qui encombrent ostensiblement le bureau. Ce bureau immense, offre l'aspect d'un hangar aux allures d'un temple antique, aux dimensions démesurées, est encombré entièrement par des dizaines de rangées, de casiers et d'armoires métalliques alignés dans une logique de bibliothèque communale avec plein d'étiquettes rose bonbon et une foule de graffitis, d'inscriptions illisibles, à vous donner une migraine d'enfer, s'il vous prenait l'envi de les consulter.

Après quelques semaines de présence, JED s'était mis finalement au diapason de l'activité réelle de son bureau. Celle-ci, semble obéir à une logique de base d'une administration qui en réalité n'avait pas lieu d'exister mais qui pouvait justifier son existence comme n'importe quel lieu anonyme de stockage de différents documents qui seront plus tard triés par des employés subalternes, pour enfin être transmis périodiquement, vers un certain nombre de destinations, tout aussi étonnantes que mystérieuses.

L'essentiel étant d'être toujours présent, à l'appel dans le bureau, de répondre sans sourciller aux multiples communications téléphoniques et de ne pas perturber le travail des autres collègues du service en évitant surtout de s'immiscer dans leurs occupations ou préoccupations, de quelque nature que ce soit.

Bien que les premiers mois de travail n'avaient rien de vraiment attrayant, JED s'est plié progressivement au train-train quotidien de son travail en s'intégrant sans grande difficulté, au sein de l'équipe de collègues en place, ce qui lui a permis de rester employé, en poste dans cette administration pendant plus d'une quinzaine d'années et en recevoir des félicitations en diverses occasions pour ses « bons et de loyaux services ».

Les petits avantages qu'il pouvait tirer de son travail lui ont permis de participer à un projet de promotion immobilière initiée par les services de son administration de tutelle, ce qui va lui permettre d'acquérir en quelques années un petit appartement (studio), où il avait l'ambition de fonder un foyer.

La dernière génération de cannibales végan

La vie s'écoulait tranquille mais sans encombre avec en prime ce charme désuet empreint d'ennui et de routine qui vous ronge, qui vous enferme dans des habitudes de ringard ou de jeune retraité sans autre ambition que de faire une longue sieste chaque jour et de participer à des discussions amicales sans espoir de trophée, toujours chaotiques sans début ni conclusion convaincante.

Puis par un beau matin de Juillet, patatras, sans crier gare, sans aucune alerte, la horde du dernier quart d'heure du dernier jugement, la horde de la dernière génération déferle sur le pays, les artisans de l'apocalypse sont déjà là, mais d'où viennent-ils ? D'où sortent –ils ?Qui sont –ils ? Que veulent-ils de ce peuple ?   Du jour au lendemain une immense angoisse, une chape de plomb ,sans pitié, sans issue   s'est abattue sur nos villes, sur nos campagnes, comme un présage funeste de fin du monde en avance sur le calendrier convenu , pas d'alternative, pas d'espoir ni d'échappatoire   vers un futur, plus clément.

Du jour au lendemain la rumeur et la peur ont aboli l'Etat de droit pour faire plaisir à la terreur, pas d'Etat tout court, pas de services d'ordre, pas de police, pas de soldats, pas de loi, pas   de règles, pas de justice, pas d'espoir, pas de vie, tout se fissure tout s'écroule comme un château de cartes usées. Il n'y a pas de sortie, tout est bloqué, il n'y a pas d'issue de secours, pas de secours, pas de recours. Les atteintes et les attentats se multiplient, dix ,vingt trente ou plus par jour, sans répit la machine à tuer, implacable s'est enrayée, s'affole les victimes deviennent une donnée statistique, oubliés les exactions ,on cherche les rescapés, on se réfugie cette fois dans la banalité d'un décompte macabre .Une malédiction sans pareille   s'est abattue sur l'horizon de ce pays seul isolé dans l'univers à des années de lumière des autres peuples et de leur compassion : on brandit des égoïsme répulsifs   , de sombres   calculs de politiciens revanchards, héritage   d'une autre époque d'un autre temps. On n'a plus de partenaires, on n'a pas de clients, pas de fournisseurs, pas d'acheteurs pas d'amis, pas de frères, pas de voisins, ni de compagne de vie, ni d'alliés de circonstance, le message est clair et le constat glaçant il vient d'ailleurs, en mode cinéma scope , technicolor : « entre-tuez-vous comme des sauvages et nous interviendrons plus tard, nous les civilisés, nous serons là pour compter les morts ,les blesses et les rescapés parmi les flots de réfugiés ».Nous viendrons plus tard en commission d'enquête spéciale, en Panel ,en commission de droit international pour distribuer à profusion des permis de bonne conscience , pour exacerber la haine, pour absoudre les crimes, pour tuer l'espoir et laver le plancher des dernières gouttes de sang, des dernières preuves accablantes , pour enfin se rendre à l'évidence, que rien ne pourra calmer la douleur des victimes ,ni la rancœur de tous ces braves citoyens qui ont soldé un monde en perdition et marchent en aveugles vers des jours sans partage , ,sans pardon ,sans oublis ,sans avenir , sans passé, sans trêve ni paix et surtout sans espoir ni gloire de vainqueur ou revanche de vaincus .

Un matin un jeune écervelé connu du voisinage, réussi à se faufiler dans les locaux de l'administration des Statistiques, il se déplaça de bureau en bureau, pour prêcher la bonne parole, sa bonne parole et menacer chacun de ses caudines vengeresses. Personne ne l'arrêta, personne n'osa interrompre ses discours certains applaudissaient et l'encourageaient, d'autres écoutaient avec effrois et frayeur, des jeunes femmes pleuraient ou s'évanouissaient pour de bon. En arrivant devant le bureau de JED, il s'écroula pris d'une une crise hystérique en criant « vive la République, vive le Roi, vous êtes tous des damnés ,l'enfer est là, l'enfer est là ,l'enfer est là ». Ayant repris ses esprits un peu plus tard, il est reparti, sans encombre, comme il était d'ailleurs venu.

Un autre jour, à proximité de cette même administration, un homme a été froidement abattu dans l'après-midi, son cadavre joncha le trottoir, abandonné pendant plus de deux heures, avant qu'il ne soit récupérer par des éléments de la protection civile (pompiers) haggars, exténués, complètement déboussolés. Et puis il y a ces affreux faux témoignages, ces vrais fausses nouvelles d'attaques venues d'ailleurs ,ces cris de fausses douleurs qui déchirent la nuit ces prières tronquées faites d' invocations alarmantes ,alarmistes, toujours sans fondements, sans démentis, qui foisonnent partout et toutes ces rumeurs en campagne orchestrées par on sait quelle partie, des rumeurs incessantes, insistantes, qui vous tétanisent, qui empoisonnent le quotidien de chacun, du genre : « on dit qu'il n'y a plus d'Etat, on dit que les responsables sont en fuite, ils se sont enfuis, ils ont quitté le pays par d'innombrables vols charters étrangers, ont dit que la fin du monde est imminente, ont dit aussi qu'il n'y a plus de semoule, pas de pain à acheter, pas d'argent à dépenser, pas de salaire à toucher, pas de prière en groupe, pas de passé à glorifier, pas de présent à célébrer, pas d'avenir à espérer…Et ont dit encore et ont redit encore cette lassitude de soi, des autres, de la vie qui se complique chaque instant, dans chaque geste, dans chaque démarche, dans chaquc coin dc la ville, dans tous les coins du pays .

On dit aussi que tel fervent prédicateur est monté au ciel avec des anges comme compagnons, on dit aussi que tel commerçant véreux est mort en silence, comme il a vécu, solitaire, entouré de ses chats, dans son commerce brulé vif et complétement carbonisé, à cause de son étrange train de vie.
On dit que la Vème Flotte ou la VIème Flotte a déjà débarqué ses effectifs ses hommes et son immense matériel sur une plage isolée du pays, où des soldats grands, blonds, hilares, ont installé des centaines de bivouacs et s'amusent à distribuer aux femmes et aux enfants, des tablettes de chocolat et des paquets de chewingum. On dit aussi que les portes de l'Enfer des tyrans sont grandes ouvertes et que celles du Paradis des innocents se sont renfermées derrière le dos de gardiens sans visage ni compassion.

Pendant ce temps les campagnes se vident peu à peu, les villes se figent dans un silence de mort, les champs de blé, d'orge ou de maïs, sont abandonnés à leur triste sort, les rues désertées sont envahies par une étrange faune de vagabonds plutôt morts que vivants et ces hordes de chiens affamés, venus de nulle part, toutes canines dehors, qui hurlent à mort de jour comme de nuit, sans répit, sans relâche.

Des centaines de commerces baissent leurs rideaux ,des dizaines d'entreprises publiques et privées mettent les clés sous la porte et on songe à l'exil intérieur ou à l'extérieur, des familles entières se retrouvent en partie décimées où en partie déchirées, l'exode rurale poussent des centaines de réfugiés à proximité d'agglomérations submergées où l'on s'entassent dans d'immenses bidons villes combien insalubres ,aux mains de coupe gorges et de personnages en rupture de ban ,de société ou de religion.

On s'espionne derrière des portes blindées, lourdement cadenassées, on surveille ses voisins, on écoute les bruits de la maison, on cherche ces voix qui chuchotent dans l'ombre, dans le noir des ruelles étroites, on se barricade comme on peut jusque dans son intimité, dans son lit. On se lève tôt et on se couche tard vêtu comme un soldat en faction, une barre de fer ou un couteau à porter de main.

On quitte sa maison le matin, la gorge nouée, les tripes en cendres après avoir embrassé père et mère, femme et enfants comme pour un ultime voyage, une dernière destination. On rejoint son travail par des chemins détournés toujours renouvelés, on traverse son quartier parfois, au péril de sa vie et celle des autres passants.
On quitte son bureau très tôt, en début d'après-midi, en murmurant des invocations et des anathèmes pour conjurer le sort et la balle perdue qui risque de vous faucher en plein jour, à chaque coin de rue.

On confie à l'épouse et aux enfants la corvée des commissions et celle du rituel marché hebdomadaire et on guette, planqué au coin de la rue, leur retour, la peur au ventre, tapie derrière le volant de cette voiture, tacot anonyme, crasseux et cabossée, rescapée d'une autre époque, astuce de paysan pour ne pas se faire remarquer ou susciter l'intéret de quoi que ce soit ni qui que ce soit .

Il faut se faire oublier, il faut oublier les autres, oublier de se croiser entre amis, entre voisins, baisser la tête, baisser la voix, pour enfin regagner son domicile en douce, en cachette, presque en voleur démasqué.

On n’a rien à perdre mais on a peur de mourir sans savoir pourquoi ? pour qui ? pour quand ?

Qui a dit puisque tu meurs, meurt debout mais sait -il que vivre en sursis, chaque jour, est une véritable torture, pire que cette mort, en défi inutile.

Et puis il y a l’autre face ,l’autre visage de paix , d’espoir ,de résistance ,de tolérance ,de partage , de tous ces gens qui se battent , qui sont debout ,qui résistent avec courage et humilité ,chacun dans son coin, chacun à sa manière avec ses moyens ,chaque jour ,chaque instant sans plainte , sans tapage inutile, sans nécessité d’ameuter l’univers .Et puis il y a ces citoyens de tous bord ,ces légalistes républicains et ceux des Services de Sécurité, de l’Armée ,de la Police, de la société civile et tous ces volontaires ,ces para militaires ,ces patriotes sans visages sans noms, combattants bénévoles toujours à l’avant ,volontaires tels de preux chevaliers des temps lointains, redressant les torts et traquant la rage criminelle .Et puis il y a ces vieux briscards qui ont fait toutes les guerres, qui vous inondent de leurs exploits passés et à venir ,qui font le guet dehors , par tous les temps , sans relâche, quand les autres n’en peuvent plus ou quand les moins téméraires, se terrent au fin fond de leur logis.

Et puis il y a ces femmes admirables jeunes et moins jeunes d’un sublime courage, qui donnent de la voix pour briser les silences de l’angoisse , pour traquer les réfractaires du devoir et les planqués de la République.

Et puis enfin il y a ces enfants qui n’ont peur de rien, hormis bien sûr de leur mère, qui continuent de jouer, de s’amuser, qui guettent, qui surveillent, qui alertent et parfois se jettent dans la bagarre quand ils repèrent un étranger à la ville, au quartier, ou quand ils dénichent un comportement suspect, une voiture ou un paquet abandonnés.

Et tout ce bon petit peuple oublié au bord de la route, depuis des lustres, qui croit encore tout ce qu’on lui raconte, qui se tait dans un silence assourdissant, qui courbe l’échine pour mieux saisir l’adversaire, pour mieux crier sa colère et sa haine.

S'il ne parle pas c'est qu'il a beaucoup de choses à dire, en silence les yeux dans les yeux sans colère, surtout quand il sent le vent tourner et que le tonnerre est sur le point de gronder.

Sa colère est un torrent de lave, de boue, de sang dévastateur qui va déferler dans les rues, dans les cœurs, qui va balayer toutes les certitudes, tous les conforts de ces promesses non tenues. Ce peuple, c'est aussi une idée de révolte séculaire sans concession, c'est aussi une soif de vengeance à accomplir, une page d'histoire à écrire pour l'éternité, dans ce grand pardon de seigneur magnanime, pour oublier cette gifle assassine d'un frère, d'un ami renégat ou celle d'une compagne infidèle.

Ce peuple rugit pour faire peur, pour ne pas rougir et frappe soudain la joue du faux frère, il est de fiel et de miel dès le matin mais il peut détruire sans pitié l'impudent adversaire, au soir d'une félonie ou d'une trahison avérée.

Ce peuple n'a jamais assez d'espace pour vivre libre chez lui, alors il part au large en rage, en colère, sur des terres d'exil pour mieux revenir plus tard, les bras pleins de cadeaux et la tête submergée de projets, pour s'éteindre et mourir en paix et enfin ultime récompense, se reposer pour l'éternité, à côté de son père et de sa mère. Ce peuple qui traque ses enfants légitimes et illégitimes à travers le monde, pour mieux les enlacer, les embrasser ou les châtier en public. Ce peuple détonne et étonne quand il fait preuve d'une incommensurable mansuétude envers les peuples d'animaux tout autant que pour de simples parterres de fleurs sauvages mais par contre ,il peut entretenir et développer une intolérance inoui envers ses semblables quant les avis divergent ou que ceux çi ne sont pas en conformité avec ses idées ou ses croyances tout aussi religieuses que profanes .

Ce peuple est un volcan endormi depuis déjà des lustres mais c'est toujours un volcan en réserve, une menace en plus sur cette terre ébranlée. Il part en guerre souvent avec son voisin ou contre ce voisin indigne ou contre les autres, ou contre soi car il aime surtout vivre en paix, presque dans le besoin comme un pauvre hère et surtout chanter sa détresse et danser la java sur ses dernières illusions perdues.

Il part dans des guerres perdues d'avance, sans armes, sans armées, contre la misère sans contours, la faim sans limites, la soif dans les steppes désertées et puis surtout contre ces valeurs délétères, contre ces avatars de colons, contre tous ces apartheids en jachère et toutes les aventures sans lendemains de ces pseudos dictateurs qui semble – t- il n'ont pas encore assumé leur ignoble déchéance.

Des années de bonheur sans compter les omissions et les oublis ...

Des années se sont écoulées, la paix civile est de retour, JED est en mission à l'extérieur du siège, il doit contrôler des dossiers dans une autre administration où il chapeaute des stagiaires, donc il est fier de son nouveau rôle d'instructeur d'autant plus qu'il est totalement pris en charge par l'administration en question c'est-à-dire repas gratuit, boissons à profusion, café, thé et surtout des frais de mission, en prime.

A une centaine de mètres de son but, il remarqua un attroupement d'où fusaient des vociférations, un peu inquiet et surtout curieux il se rapprocha et se faufila dans la foule qui est agglutinée autour d'un homme d'un certain âge correctement habillé, qui débitait d'une voix énergique, des phrases décousues, incohérentes mais qui avaient néanmoins, un sens évident du genre :

« je n'ai rien oublié ,tu n'as rien oublié ,nous n'avons rien oublié ,rien pardonné ,nous vous traquerons partout dans le pays, dans toutes les villes ,dans tous les villages , dans toutes les chaumières et à travers toute la terre s'il le faut ,vous serez bannis de nos cœurs ,vous serez arrêtés aujourd'hui ou demain, vous seraient jugés sans remords ni pitié, vous serez condamnés , sans retour ,nous viendrons vous voir dépérir ,en prison, en cachots , dans ces cellules mortifères , pour hanter vos nuits et assister à vos cauchemars et à votre agonie , pour vous voir mourir sans gloire ,consommé à petit feu, InChAllah, Amin ».Et puis poursuit –il « nous célébrerons chaque jour la gloire éclatante de cette religion magnifique , de cette foi ancestrale qui sanctifie le respect du voisin ,du vieillard ,du père ,de la mère ,qui accueille avec joie l'étranger ,l'égaré ,le pauvre et le riche , le malade ,le savant et l'ignorant ,qui ouvre les cœurs et les demeures à ceux qui ont faim ,à ceux qui ont peur, à ceux qui doutent et également pour l'adversaire ou l'ennemi intime ,qui continu son combat et qui rejette votre foi, InChAllah, Amin »

JED s'extirpa difficilement de la foule assez dense de personnes qui écoutaient en silence et s'en alla complétement remuer et plein de compassion pour l'orateur.

A cinquante-sept ans JED est un jeune retraité (à sa demande note- t-il), un père de famille comblé par ses deux enfants (une fille et un garçon) et sa femme qui le cajole comme un coq en pâte.

Depuis sa mise à la retraite, il renoua le contact avec ses nombreux amis du mouvement associatif où il s'intégra rapidement, en devenant un maillon dynamique dans la gestion de certains dossiers notamment ceux liés à la sphère médico-sociale.

En parallèle à cette occupation et activité sociale très prenante JED s'attela à une tache personnelle et familiale celle qui consiste à réunir tous les documents liés à l'histoire de son grand-oncle paternel, auquel il avait promis de son vivant ,de retranscrire dans un ouvrage les faits liés à sa participation à la 2ème Guerre Mondiale (1939 -1945).Cet oncle a été rattraper par la conscription obligatoire dès 1936,puis il a été ajourner puis déclaré de nouveau « bon service » durant l'été 1937.

Affecté dans des régiments de Spahis (supplétifs), il est fait prisonnier par des unités allemandes en Juillet 1940, conduit dans un camp de travail d'où il s'échappa deux mois plus tard en compagnie de deux autres prisonniers. Mis en congé illimité il est ensuite renvoyé « dans ses foyers » pour être rappelé à l'activité lors de la mobilisation général au printemps 1943.Affecté dans une unité motorisée pour un stage à l'issue duquel il est dirigé aussitôt sur le front des combats où il participe à différentes batailles et finit par être grièvement blessé, par un éclat d'obus, au ventre et à la jambe gauche (Novembre 1944).Evacué en urgence sur les services hospitaliers de Marseille où il y est retenu jusqu'à la mi - Février 1945.

Il est réformé définitivement par décision de la Commission Spéciale de Réforme lors de la séance du 02/08/1946 au constat de « imputation du pied gauche –invalide à 80% avec droit de pension définitive de 80% à compter du mois d'aout 1946, il est démobilisé à la fin ce même mois. Il a été décoré de la Médaille Militaire, avec mention « Zouave couragcux ct dévoué, a été grièvement blessé à son poste de combat en Novembre 1944 en Alsace ». C'est sur la base de ce récit que JED s'échine à récupérer auprès de membres de sa famille, tous les documents y afférent, pour concrétiser son projet d'écriture et tenir la promesse faite à son oncle, pour enfin procéder à l'édition du résultat de ses recherches.

JED est décédé dans son sommeil de juste, à l'âge de soixante-huit ans, entouré de membres sa famille et de ses amis mais n'ayant rien accompli de toute ses promesses. Il est parti sans bruit, sans amertume, sans regrets, et également, sans avoir réalisé toutes ses ambitions, la paix dans l'âme et le cœur serein.

Il laissa en héritage notamment d'innombrables manuscrits, dont ses mémoires de citoyen révolté de caractère, toujours honnête et serviable, qu'il légua explicitement à ses enfants en leur demandant de ne les publier, qu'à l'issue de la dixième année de sa disparition.

Bien sûr comme dans toutes les légendes et constructions imparfaites, cette perspective d'une résurrection souhaitée de JED, s'inscrit dans une toute autre histoire à imaginer en solitaire, au seuil d'une retraite tortueuse avec des hauts et des bas mais amplement méritée.

L'apocalypse tant attendue ...mais qui n'aura pas lieu de notre vivant

JED a passé l'arme à gauche depuis des dizaines d'années quand un savant fou ou bien un génie rebelle, issus d'une tribu barbare des steppes d'extrême Occident ou de l'Antarctique Sud , invente une machine sophistiquée, qui lui a permis de neutraliser toute les armes létales de sa province, ce qui est inédit en soi et a créé des troubles dans son village et a suscité le mécontentement de milliers de chasseurs du dimanche ainsi que la colère et la rage de fabricants occasionnels d'armes à feu traditionnelles.

Le savant dénommé Igor Bach Le Magnifique (IBM Spoutnik pour les initiés ,qui ont opté pour une prononciation inspirée d'un idiome de l'anglais de la Nouvelle Orléans) fut pourchassé par des meutes de simples citoyens détenteurs d'armes à feu traditionnelles ainsi que par des chefs de cartels de drogue du monde entier et également par une officine de renseignement, spécialisée dans le recasement de mercenaires et d'officiers déchus notamment de leur nationalité d'origine et qui cherchent accessoirement un terrain d'atterrissage discret, dans une zone franche , de préférence désertée par les douaniers et les dealers du coin.

Manque de pot pour IBM – Spoutnik ,tous les va –en –guerre de la planète se sont réveillés subitement ,de leur sieste dominicale pour se réunir d'urgence en un congrès sabbatique des plus bigarrés ,pour adopter une série de condamnation de forme et surtout pour mettre la pression sur la gouvernance mondiale en exigeant que ce savant inconscient soit au plus vite intercepté ,incarcéré ,pas jugé puis ,torturé comme il se doit et jeté au fond d' une tour isolée en compagnie de ses chimères et ses mille et une fidèles maitresses , à moins qu'il ne subisse le chatiment amplement mérité : qu'il soit crucifié en public pour assouvir la soif de vengeance de tous les dictateurs en herbe et de leurs meutes de chiens abreuvées de vengeance et de sang.

La traque dura des années jusqu'au jour où l'on s'aperçu que le savant fou coulait des jours heureux dans un minable complexe touristique, deux étoiles, chez des cousins éloignés qui pour l'occasion passent leur temps à marauder en Antarctique Nord. C'est dans cette immense solitude glaciale qu'il rédigea son fameux discours d'orientation , aux hommes de bonne volonté : un elliptique programme de dix gros volumes portant sur l'origine des mondes oubliés et ceux qui attendent les aventuriers intrépides, en mal de nouvelles expériences. Son fameux discours d'orientation ,lui donna l'occasion de tracer et de dévoiler les grandes lignes de sa doctrine philosophique, un codex mystique destinée au commun des mortels et surtout aux philosophes en herbe , doctrine qui va se décliner, en une centaine de signes kabbalistiques illustrés par pas moins de trois cent soixante (360) esquisses baroques et estampes délavées ainsi qu'un fastidieux fascicule portant sur soixante dix sept (77) règles dc vic ,dont lcs plus accessibles, pour le citoyen lambda sont celles çi :puisque on ne peut pas aller au devant de la lumière du soleil ,il faut faire en sorte que la lumière du soleil vienne à nous(premier postulat),dans ce pays sans frontières , le soleil est si généreux que la nature redouble d'exubérance et vous réserve des surprises inespérées tant que vous etes plein de compassion pour les autres (second postulat),sur cette terre aride , le soleil est si généreux qu'il vous force à vous surpasser dans le bien voulu comme dans le mal subit (troisième postulat) ,quant on a une bonne idée ,il faut bien la cultiver sinon elle vous quitte pour une autre, plus belle aventure (quatrième postulat) si on a une bonne et belle femme il faut remercier le Créateur de vous avoir permis de prendre le TGV au lieu de la trottinette à rétro pédalage

(cinquième postulat),quant on regarde le ciel d'en bas ,il faut penser aux oiseaux de proie qui vous guettent par de là les grattes ciel noyés dans les brumes hivernales (6ème postulat),prenez l'habitude de parler plus souvent ,à voix basse pour obliger les esprits retors et rétifs à vous prêter attention et soyez confiant et décidé à hurler dans le vide quant il n'y aucun espoir pour sauver votre peau (7ème postulat),souriez devant votre miroir chaque matin meme si vous avez des trous d'air dans votre dentier, c'est le gage d'une journée pleine de bonnes surprises et de nouveaux projets bien qu'il vous semble coincées dans une mare en peau de chagrin(8ème postulat),un pet c'est rien mais il vous rend plus humain surtout , si vous persister à en redemander(9ème postulat) ,si l'un de vos robot ricane et danse ,méfiez vous, c'est qu'il a des intentions criminelles (10ème postulat) , Soyez vigilant l'humanité se divise en deux versions originales ,celle qui demeure étant la vraie copie ,les autres de pales imitations sans intérêt .Le reste des autres postulats se trouve dans un tel état de décomposition du texte initial et de dégradation avancée qu'il n'est accessible qu'aux suppliques de bonzes initiés tout autant qu' à ces savants renégats ,qui tendent la main et ont besoin de miséricorde pour survivre aux frasques du maitre des leurs destinées terrestres .

IBM –Spoutnik cache au fin fond de son esprit tordu , une ame de poéte d'enfant mal aimé, de femme insatisfaite de son sort ,il débite en solo , à longueur de weekend des litanies de poèmes d'une tristesse absolue, déchirantes complaintes , sur ses thèmes favoris : sur les gens du voyage ,sur ces cohortes d'émigrés sans boussole ,sur l'émigration de gré ou de force ,sur ces chemins d'espoir tordus qui se brisent devant des bouches de métro cadenassées, sur ces routes barrées de tranchées de guerre ,sur ces paradis pavés d'incertitudes et de mauvaises intentions ou sur ces promesses qui ne mènent nulle part sur terre , enfin sur cette mer gloutonne qui sépare les hommes des femmes des enfants, pour un repas gratuit qui se perd dans ses entrailles , et qui avale encore et encore sans merci toute cette manne providentielle de gibier gratuit tombé à l'eau par mégarde ,manne de chair fraiche abandonnée sans secours et sans pitié par ces voiliers de croisières .Et toutes ces tranches de vies qui s'écoulent , qui coulent à pic ,plombées d'incertitudes rabachées par cette pauvre migration de saison qui voguent en tremblant vers cette terre cruelle ,seul vestige d'un monde qu'ils ont perdu à jamais .Le savant fou et prolixe pleurait à chaudes larmes après ces concert de litanies sans fin qui dit –il lui servent d'inspiration et de consolation à son statut de génie mal aimé et mal compris .

La retraite forcée de IBM-Spoutnik ne tarda pas à etre dévoilée par un obscur correspondant clandestin , non rémunéré ,qui s'est assuré le concours de trois chaines de Tv toutes aussi peu recommandables ,qui à leur tour ont cédés, sans chantage , les droits exclusifs de diffusion de cette information à un agent secret d'une vague officine, non répertoriée absente du bottin officiel des concierges et des espions, en rupture de contrat .Cette nouvelle sensationnelle fit le tour des rédactions, à travers le monde, ce qui suscita immédiatement, une plainte en bonne et due forme et une demande d'extradition expresse, de la part des dirigeants de la plus grande puissance sur terre, qui se sont proposés pour l'occasion, de prendre en charge matériellement l'intéressé et occasionnellement, lui permettre de continuer de développer en toute quiétude son invention relative à la neutralisation massive et expresse de toute arme létale.

Depuis cette date , Igor (IBM-Spoutnik) est entré en clandestinité absolue jusqu'à ce que l'on se rende compte, à travers le monde, que des quantités astronomiques d'armes létales se sont soudainement détraquées et sont devenues obsolètes et inutiles sauf rare exception ce qui a fait réagir des consortiums d' intelligences artificielles non déconnectées qui ont amicalement suggérés d'en faire don aux anciens cheminots ,une aubaine pour ces ferrailleurs du dimanche , fabricants chanceux et mortifères ,recyclés dans le trafic de rails de chemins de fer abandonnés sur des routes de campagne désertées . Il est aussi tout autant judicieux dit-ont d'en faire profiter tous ces marchands de rêves brisés qui s'échinent à « tuer le temps » en imaginant ,de grands huit diaboliques , terriblement anxiogènes en raison de multiples accidents mortels planifiés par une perfide main étrangère , accidents qui ont fini par exaspérer l'Administration Centrale des Loisirs en l'arrachant dc sa sieste syndicale et sa léthargie abyssale pour enfin l'amener à prononcer, de gré ou peut etre de force , des peines de bannissements à vie à l'endroit de ces arlequins endimanchés qui vont etres éjectés ,illico presto, de toutes les fêtes foraines clandestines ,de l'hémisphère nord.

Pendant ce temps tous les fins limiers et toutes les fines lames du monde entier sont sur le grill car ils se sont lancés en vain, dans la bataille et la course, pour dénicher la cachette de cet impénitent et cerner les intentions de ce savant fou, qui est devenu l'une des personnes les plus maléfiques à leurs yeux, tout de suite bien sur après le savant fou qui a inventé l'élixir du bonheur sans limites et également la table des matières originelles ,qui d'ailleurs n'a rien changé à la rotation imprévisible, de la terre .

Le mystère était complet et le monde se scinda brusquement en deux parties foncièrement adverses: d'un côté ceux (minoritaires) qui en voulaient à mort, à la peau de ce savant et de l'autre coté la plus grande partie de la population mondiale (hélas misérable, il faut le souligner) qui en a fait un héros, un super vengeur des opprimés et un saint qu'il faut protéger et sanctifier, si le besoin se faisait sentir. Cette angoissante situation va être désamorcée par un communiqué laconique de l'Agence Internationale de l'Energie Subsidiaire à l'Electricité (ASEL) qui a rassuré les peuples du monde sur l'état de santé de IBM-S en soulignant l'avancement des travaux, ultras secrets, du savant fou et a également laissé entendre qu'une bonne nouvelle serait incessamment diffusée par les voies officielles et les canaux clandestins ,bien sur, dument accrédités Quelques mois plus tard la nouvelle tomba comme un couperet sur les têtes des adversaires du savant contesté: ses équipes ont réussi à neutraliser la fusion et la fission de l'atome et de cela vont être capables, en quelques temps, de stopper, sur toute la surface de la terre , tous les types de réactions nucléaires ou thermonucléaires et également se payer le luxe ,selon le communiqué, de figer provisoirement la théorie de l'intrication quantique savamment contestée par certains esprits rétrogrades ,comploteurs et par la meme occasion , libérer enfin la conscience de nombreux astrophysiciens timorés en ce jour béni et permettre cette fois, au père de la théorie de la relativité générale ,de reposer en paix ,car par cet acte gratuit et magnanime ,la communauté scientifique non syndiquée ,s'est décidée enfin de lui indiquer une direction à suivre , une issue dans l'au-delà , une voie royale à une ultime réconciliation de façade , avec tous ses ennemis et également , avec toutes ces femmes jalouses d'un jour et bien sur avec la plus part de ses illustres contradicteurs qui sont maintenant pressés et heureux de le rejoindre ,pour clore définitivement ce débat .

La riposte des puissances nucléaires et autres prétendant à « l'apocalypse now » ne tarda pas à germer dans les cerveaux de leurs zélateurs qui se mirent en branle en menaçant de déclencher les feux de la Géhenne car il n'est pas question de remettre en cause leur science mal acquise et surtout la collation du dimanche soir ....heureusement pour la planète, d'autres voix beaucoup plus pondérées mais surtout plus intéressées par l'appât du gain et la soif de notoriété , se sont élevées pour tenir des propos plus raisonnables et se sont déclarées favorables à des discussions avec les équipes du savant fou, en attendant l'expérimentation et la confirmation des résultats de ses extraordinaires inventions et découvertes.

Un mois et demi après, les trois quarts des centrales nucléaires à travers le monde ont craché leurs entrailles et sont tombées subitement en panne inexpliquée et des centaines de réacteurs atomiques se sont tus plongeant des milliers de foyers dans le noir et par voie de conséquence , condamnant des centaines d'entreprises et d'usines à l'arrêt absolu .Autre conséquence par voie de fait , d'incommensurables dommages collatéraux sont relevés ça et là , induits et subis par de simples citoyens tout autant que , par ces peuplades perdues et oubliées dans les dédales d'une destinée impitoyable , qui ne représente d'ailleurs que peu de choses devant cette inévitable déferlante, ce tsunami de mise en chômage intempestif ,peu ou prou technique, de ces cohortes de spécialistes hautement qualifiés dopés de pop-corn OGM , résignés mais tout autant animés d'une fatale résilience , qui vont pendant des dizaines d' années , battre sans répit , les pavés dans des villes et des villages fantômes, d'une planète à bout de souffle , destin inexorable pour cet astre , au bord d'une crise de nerfs généralisée qui hante ces milliers de foyers brisés , en attente de séparation ou de divorce mutuellement consenti.

Bien sur la réaction de la rue ne se fit pas attendre, des centaines de milliers d'honnêtes citoyens vont déferler spontanément (dit-on), dans les rues, à travers la planète, pour revendiquer des droits acquis de naissance : de l'électricité nucléaire, verte bien sur, carbonée ou non, des produits alimentaires tout autant irradiés que bio, des moyens de transports hallucinants, de chauffage et de climatisation hors normes, des lieux de loisirs sans tabous etc....etc.... Toute cette agitation est bien sûr encadrée, soutenue et financée par des lobbies de droite, de gauche et, du centre ainsi que par de fanatiques groupes messianiques derrières lesquels sont tapis des officines gouvernementales et non gouvernementales et ce, comme par hasard , à travers tous les pays répertoriés et obligatoirement inscrits au minimum syndical universel exigé par cette ONU terrestre , au demeurant complétement affolée aujourd'hui par la non-prolifération d'une espèce de scorpions sans queues , qui va sous peu , disparaitre à jamais des radars de nos savants tout aussi distraits, qu' incorrigibles car sans perspective aucune de décrocher un prix Nobel non mérité mais qui cependant hante leur longues soirées d'insomniaques .

Rien n'y fait la mystérieuse équipe du savant fou ne va pas s'arrêter là et va travailler d'arrache-pied pour trouver des alternatives à l'énergie nucléaire et également pour désamorcer cette crise inédite qui a mis en rogne et en alerte notamment tous les agitateurs de circonstance ainsi que ces mystérieux hommes d'affaires d'un jour , en embuscade , bien au chaud dans l'ombre d'une administration titanesque, gargantuesque et qui de fait ne trouvent plus de débouchés pour écouler des centaines de tonnes de cette pacotille asiatique ,importée clandestinement par des réseaux mafieux et par des bandes d'aventuriers recyclés ,en désespoir de cause , dans le commerce de proximité et dans la délinquance gratuite ,unique débouché de fortune pour des cerveaux détraqués.

La terre est au bord de la dérive quand la lumière vint et revint sans crier gare , illuminant à profusion et par magie chaumières sans portes ni fenêtres et palais du monde clos sur de terribles secrets , avec en prime un bonus, les factures d'énergie ont été divisées par trois et miracle impromptu, les centrales nucléaires en gestation ou en activité se sont résignées à faire leur deuil parce qu' elles sont condamnées à disparaitre des paysages de nos champs de pâquerettes altérés et infectés par cette poussière mortelle disséminée à profusion dans nos veines ,dans nos jardins ,dans nos assiettes et également dans ces potages à trois sous, infestés de microbes , cédés à la criée par de vieilles enseignes ,pochardes , revanchardes et pleines d'amertume .Par la même occasion ces usines à carbone n'auront plus le loisir d' importuner ou de déranger avec leurs sirènes criardes de malheur , les amours effrénés de ces magnifiques bêtes d'un autre âge, ces bisons talentueux , qui languissent aux bords de chemins escarpés indifférents à nos soupirs, en marge des petites misères de ce monde étriqué, confinés comme il se doit, en seigneurs déchus , dans une immense solitude, aux frontières des vastes steppes septentrionales .

L'avenir s'écrit avec les savants fous et ceux qui le désirent

L'ambition dit –on est un culte, mais pas pour satisfaire IBM-Spoutnik qui rêve en secret d'un royaume peuplé uniquement d'humanoïdes sans peurs et sans reproches et de robots serviteurs , serviles sans répit .

Evidemment le savant fou peut dit-on également nous réserve beaucoup d'autres bonnes et mauvaises surprises car il se projette déjà dans l'avenir des bienheureux et veut s'attaquer à la conquête de l'espace pour concrétiser ses rêves les plus intimes et parvenir à quitter la terre vers les contrées inter stellaires pour mettre la main sur les fins fonds de l'espace et coloniser des dizaines d'autres planètes et par-delà même , assurer l'avenir d'une partie de l'humanité et celle des humanoïdes dont il est le concepteur et qu'il est déjà en train de produire en masse, dans d'immenses laboratoires secrets ,sur une planète secrète ,dans une Cité secrète .Cette Citée dont l'existence et le lieu sont jalousement gardés est déjà occupée par des centaines d'humanoïdes qui sont à pied d'œuvre ,dans l'attente de la venue du maitre des lieux, tout cela au nez et à la barbe de ces puissances sans classe , terre à terre qui sont encore ébahies ou trop occupées à inventer des alternatives à leurs encombrantes armes dissuasives qui sont devenues pour l'occasion des armes de pacotille bonnes à servir d'épouvantail pour faire peur à nos vétérans ,aux simples d'esprit et à ceux qui croient encore à ce père Noel désabusé , qui doit les sauver des déluges à venir .

Au demeurant ces humanoïdes qui seront plus tard des auxiliaires de vie très appréciés par les humains, sont aussi des prouesses d'ingénierie et d'inventivités car ils peuvent réaliser tous vos rêves sauf peut-être émettre une idée farfelue ou penser que les humains viennent d'une usine concurrente. Ils sont truffés d'algorithmes et de drivers si sophistiqués qu'ils ne peuvent jamais être pris au dépourvu et font face avec une grande maitrise, à toutes les situations d'urgence et peuvent résoudre pratiquement tous les problèmes. Les humanoïdes sont tout autant des serviteurs serviles, des employés dociles, des ouvriers surdoués, des miliciens fidèles, des guerriers impitoyables, des compagnons discrets et aussi des soldats de fer et d'acier obéissants au quart de tour. Plus tard ils seront déployés partout, dans tous les secteurs de la Cité, dans toutes les activités, à chaque instant, présence discrète et combien utile, envahissante, peut être   rassurante pour ces milliers de citoyens angoissés mais surtout pour IBM-S et sa petite cour. Les robots pour leur part sont dévolus aux tâches subalternes mais combien nécessaires, ils déambulent dans la Cité, à longueur de journée et de nuit dans tous les recoins de la Cité en silence, en ordre là où sont affichés les programmes de leurs tâches et leurs activités de jour comme de nuit.

Ce sont là bien sur les grandes lignes des projets pharaoniques du savant imprévisible, qui assure –t-on est déjà en route vers une destination lointaine, inconnue échappant aux préoccupations angoissantes des faillites boursières et celles du commun des mortels.

Bien sûr, comme les grands secrets sont justement une denrée rare sur terre, quelques semaines plus tard les langues ont commencées à se délier car pour certaines personnes au fait, des faits et gestes de l'honorable IBM-S, ce dernier avait d'autres préoccupations très urgentes, en effet, il aurait déjà quitté la terre pour la Lune où il s'est fait introniser Roi des Planètes, situées et localisées au-delà du système solaire traditionnel ,revendiqué par les terriens. Il va régner sur un monde désert et froid où se sont installés déjà, depuis des mois des centaines d'humanoïdes, ses sujets , fabriqués sans relâche par des robots hyper sophistiqués qui ont accomplis des miracles en convoyant en un temps record , des tonnes de matériel et de ravitaillement pour construire cette première colonie d'où partiront prochainement les vaisseaux du futur qui seront lancés ,à la conquête des immensités sidérales ,vers la cible ultime qui, se situe selon les calculs d'IBM-S , à l'orée de l'immense constellation :Proxima du Centaure .

Proxima du Centaure : fin de l'histoire des avatars Homo Sapiens

Sur le sol d'une planète identique à la Terre ,mais perdue dans l'immensité sidérale ,Igor Bach le Magnifique (IBM-Spoutnik)règne depuis des décennies en maitre absolu sur des milliers d'êtres humains , des milliers d'humanoïdes et un nombre incalculable de robots et de machines ultra sophistiquées .Sur cette planète baptisée pour la circonstance Terra 2.0 (T2 pour ses habitants) les nouveaux colons sont organisés en communautés distinctes les unes des autres ,selon leurs choix ,leur croyances (religions ou tout simplement leurs intérêts) .Aucune contrainte ,en principe ,n'est exercée par qui que ce soit sur ces communautés qui gèrent en toute liberté leurs lieux de culte ,de réunion ainsi que leur train de vie ou d'occupation ,les décisions prises émergent naturellement d'un large consensus et se prennent après de larges débats ou dans le cadre de consultations (vote) organisées régulièrement au sein de ces communautés. En période de commémoration et de fêtes les mosquées, les églises, les synagogues et autres temples religieux débordent de fidèles et d'offrandes. Des tables gigantesques sont dressées dans les rues lors de ces fêtes où chaque communauté dispose et propose des dizaines de plats salés, sucrés, des plateaux de viande, de la volaille et autres sucreries, à la grande joie des citoyens qui vont s'empiffrer à longueur de journée et toute la nuit dans une ambiance festive et surréaliste. Les citoyens vont se congratuler, se féliciter, s'embrasser à profusion pendant ces journées de fêtes, en pensant avec désarroi et effroi à l'immense solitude qu'ils auront à affronter, à vivre reclus, durant le reste des longs jours et des longues nuits à venir.

IBM-S est invisible, peu de personnes peuvent se vanter de l'approcher ou le voir, il vit en autarcie ,autocrate solitaire dialoguant et échangeant ses préoccupations et ses idées avec des humanoïdes et des robots ultra sophistiqués qui dit –on veillent sur sa santé et assurent sa sécurité. Il communique par contre avec les différentes communautés de la colonie à travers un système sophistiqué alliant digitalisation et cryptographie. L'administration de cette citée Etat est dévolue aux humanoïdes ,aux robots et à des machines complexes ,connectées, travaillant en réseaux et dont , peu de ses habitants , peuvent en imaginer les contours ,les capacités ou les limites .En réalité cette cité est une immense structure vivante , de métal, de béton et de verre de dimension tentaculaire ,autonome ,s'étirant sur des dizaines de kilomètres de long et autant de large avec des pics en hauteur portant sur une centaine d'étages en surface et tout autant en galeries souterraines .La partie immergée, souterraine est constituée de dizaines de noyaux , sur des centaines de kilomètres , ceux-ci pouvant accueillir en cas de nécessité plus d'un million de personnes .Deux ou trois noyaux sont d'accès strictement interdit car ils renferment un bien inestimable que sont les stocks de pièces des vaisseaux qui ont permis à IBM et ses compagnons de quitter leur terre natale et de migrer vers leur nouvelle patrie Terra I.

En situation normale l'accès à T21 (la citée en sous-sol) est strictement réglementé par des humanoïdes qui en contrôle toute les issues. Dans la vie courante la Citée assure une prise en charge totale et peut subvenir à tous les besoins de ses habitants tant en logement, en ravitaillement, en éducation ainsi qu'en prise en charge de santé ou de loisirs. Dans ce domaine par exemple ,des tournois de différentes disciplines sont régulièrement organisés avec la participation de tous les citoyens aptes, et également des humanoïdes , qui vont s'affronter pendant une semaine ,en des joutes spectaculaires dont les plus recherchées sont des simulations de duels, des affrontement sanguinaires et ou même des combats à mort .Ces dernières confrontations meurtrières sont les plus prisées et les plus recherchés par un certain nombre de citoyens .Des humanoïdes auparavant programmés pour la chose ,vont également s'affronter en des duels homériques ,sans concession devant des tribunes d'humains hystériques et jubilatoires.
En dehors de la prise en charge en partie des adultes la prise en charge de l'enfance et l'adolescence dans La Cité est totale et elle est du ressort exclusif de services administratifs spécialisés qui vont s'occuper des jeunes citoyens dès l'âge de sept ans en les orientant vers la partie de la Cité où sont érigés des collèges , des lycées et des facultés où ils sont pris en charge en matière de scolarité ,d'hébergement et de suivi jusqu'à leur majorité ou à la fin de leurs études et de leurs formations, à l'issus desquelles l'étudiant acquiert le statut de citoyen adulte , prêt à se mettre au service de Cité .

Il faut souligner ici le rôle et la grande considération qui est accordée par la Cité à la gente féminine ,la femme ,qui est en fait sublimée de part ses responsabilités dans le couple et également son engagement car elle est souvent très sollicitée dans la gestion des affaires de la Cité .Il se murmure d'ailleurs que c'est la femme de IBM qui dirige d'une main de fer la Cité tandis que son mari est occupé constamment à inventer toujours quelque chose d'inédit ou de spectaculaire. On affirme dans certains clubs de réflexion quelque peu critique envers elle que c'est elle-même qui a suggéré à IBM-S, l'interdiction de l'enseignement de l'histoire de la terre natale des premiers colons et son remplacement par des versions d'une histoire tronquée glorifiant Terra 2 et son architecte, IBM qui se trouve être accessoirement, son mari. Cette femme ambitieuse, de fort caractère, dirige d'une main de fer de nombreuses associations et clubs de femmes qui lui sont totalement dévoués et lui vouent un culte sans limite car en retour elle les chouchoute et ne leur refuse aucune demande ou sollicitation. La meilleure destinée dans le meilleur du monde ,une ville ,une vie agréable et un Dieu clément et Miséricordieux .

Dans un autre ordre d'idée la Cité a pris ses devants en matière de gestion de crise : elle est , par exemple, en mesure de tenir un siège de trois années consécutives ,et peut se suffire à elle-même en cas de situation extrême .Le citoyen est tenu pour sa part d'exécuter le travail et les taches qui lui sont dévolues notamment en assurant les fonctions de contrôle et de suivi du fonctionnement des machines et des robots ,tandis que la gestion des humanoïdes est du domaine réservé d'IBM et de son entourage. Les robots ,peuple d'une main d'œuvre bon marché ,sont dévolus aux tâches subalternes mais combien nécessaires, ils déambulent sans relâche à longueur de journée et de nuit dans tous les recoins de la citée et là où sont programmées leurs tâches quotidiennes .Vigiles sans peur et sans reproche ,parfois immobiles figés dans le temps comme des statues de bronze ,mais souvent en alerte ,ils croisent les citoyens sans les voir, sans les toucher , surtout si ces derniers ne sont pas en infraction ou en détresse. Ils s'affairent en tout temps en tout lieu comme une colonie d'abeilles ouvrières ou de fourmis soldats ,en silence ,sans conflit ,sans peur ,sans reproche , et surtout sans état d'âme .Au demeurant c'est un peuple pacifique de tacherons ,esclaves infatigables ,sans rémunération, mais aussi, en cas de besoin ,une armées de guerriers redoutables avec armes et armures ,prêtes à l'emploi .On laisse entendre dans l'entourage de IBM-S ,que dans quelques centaines d'années ,après l'âge des dinosaures ,puis l'âge des bipèdes dont l'homme actuellement ,viendra l'âge des robots qui prendront l'ascendance sur l'homme et les bêtes bien sûr. Mais cela est une tout autre histoire, un conte pour enfants que personne n'ose raconter pour le moment.

La Cité en maitresse des lieux, encourage les citoyens à se cultiver, à faire du sport, à participer aux multiples ateliers et activités ludiques organisés en permanence et surtout à respecter l'ordre établi et à obéir aux règles générales et aux consignes de sécurité. La journée du citoyen est réglée comme du papier de musique : se réveiller à sept heure du matin, rejoindre son poste de travail à huit heure, le quitter à seize heure, pour rejoindre son appartement obligatoirement avant vingt heure et respecter scrupuleusement l'heure d'extinction des feux à 22 heure trente. Au-delà de cette heure les citoyens sont confinés dans leurs logements qu'ils ne peuvent quitter sous aucun prétexte d'autant plus qu'ils peuvent accéder à tous les services d'urgence en quelques clics sur une tablette et ce même du fin fond de leur chambre à coucher. Toute enfreinte à ces recommandations entrainera des sanctions des plus sévères et peut se traduire par le bannissement de la personne contrevenante vers des destinations et des lieux dont nul ne s'imagine l'existence. D'ailleurs toutes les personnes revenues plus tard de ces bannissements, ont été automatiquement dirigées vers les hangars réservés aux humanoïdes et aux robots sur dimensionnés. Il faut reconnaitre aussi que les citoyens ne se plaignent que très rarement par manque de temps peut-être ou absence d'une volonté contestataire ou revendicatrice .D'ailleurs des soirées ludiques sont organisées deux fois par semaine ,quand les citoyens sont autorisés ,en soirée d' accéder , aux nombreuses terrasses de la Cité où les attends un spectacle féerique : l'occasion de contempler et d'admirer la voute céleste, spectacle envoutant avec ces multiples constellations de planètes et d'étoiles visibles tant à l'œil nu, qu'à l'aide d'immenses télescopes .Et puis il y a cette innérable culture du Dazibao ,fresques d'un autre temps ,immenses tableaux serti de lumière et de son où chacun pouvait s'essayer à la poésie, à l'écriture, à la peinture et surtout à débattre de tout et de n'importe quoi. Le citoyen se donnait à cœur joie pour philosopher gratuitement où donner des avis sur tout et sur rien ou très souvent régler perfidement, ses comptes avec des voisins, des amis, des collègues ou des parents oubliés sans omettre ces appels désespérants et désespérés de solitaires professionnels qui prient ,qui supplient à longueur de journée, cette machine impitoyable , pour qu'elle se penche un peu sur leur sort ,et leur déniche, la perle rare ou l'ame sœur ou du moins un compagnon de route, sans arrière pensée , ni idée fixe . D'ailleurs cette bourse du célibat est une véritable kermesse de blédard où l'on mise gros sans aucune chance de tirer le bon numéro ou la bonne carte .Le pauvre citoyen , se croit en sécurité en ne déclinant pas son identité à la machine, il use et abuse de son temps et de son argent pour noyer son chagrin et tromper sa solitude .Anonymement il pense défier impunément l'ordre établi mais aussi se permettre de rêver d'un libre arbitre , que non ,car toutes les interventions des citoyens sont systématiquement identifiées et une foule d'humanoides et de robots est chargée de traiter le contenu de « ces murs parlants »,d'en tirer le plus grand profit pour IBM Spoutnik et sa cour de courtisans rapaces, revanchards et vindicatifs.

Homo Erectus ,pas bon voisin

La vie s'écoulait pacifiquement et sans encombres dans cette paisible oasis, perdue aux confins de galaxies et de systèmes sans contours établis , quand un jour , pataboum , lors d'un week-end prolongé par un pont inespéré les citoyens se révoltèrent sans crier gare : ils ont osé déclencher une grève sauvage dans certaines partie de la Cité en revendiquant beaucoup plus de liberté ,de fraternité ,de considération humaine, de câlins et surtout moins de ces robots invasifs qu'ils qualifient « de bête de somme sans pitié et sans cervelle ».Les révoltés ont commencé par observer des grèves sporadiques ,puis des regroupements devant leurs lieux de résidence et puis par des confinements volontaires en leurs domiciles familiaux .Ces actions dument concertées ont fini par bloquer certains services vitaux de la Cité ,ce qui s'est traduit par une réaction inattendue de IBM-S ,qui s'est décidé à prendre les choses en main en prenant la parole et en s'adressant directement aux habitants de la Cité dans une longue intervention télévisée et également téléportée dit-on ,dans un propos sans queue ni tête , subitement interrompue par une conclusion des plus hasardeuse : 400 Bad Request, en référence à son application préférée, puis en enchainant tout de go , il énonça une étrange et mystérieuse énigme sous forme de deux questions surréalistes : est-ce que vous voulez ma place, si oui il faut voter ? (première interrogation)et Où sont les premiers colons que j'aime et qui m'aiment tant ,il faut ici aussi une consultation ,avec dans les deux cas ,la participation des humanoïdes ,(point final de la deuxième interrogation) ceci étant dit et écrit IBM-S se retira en fanfare dans sa somptueuse résidence, cloitre sans porte ,ni balcon ,ni issues de secours ,ni autres accès visibles donnant sur un quelconque boulevard ou sur une ruelle tortueuse ? Une semaine après ce discours les services d'investigation , de contrôle et de traque ,diligentés par la Cité ont réussi à récupérer une copie de la plateforme de revendications des insurgés, qui d'ailleurs se résume en une phrase directe et explicite : y en a marre de la dictature des robots. Le lendemain tous les robots de la Cité furent désamorcés, débranchés, désarticulés, démontés et stockés sans ménagement aucun dans d'immenses hangars frigorifiques, isolés de toute source d'énergie. La vie repris son cours anormal avec moins de tracas bureaucratiques liés aux robots mais avec plus de tracasseries au quotidien , avec plus d'accros violents , de douleurs ressenties, d'embouteillages, avec plus de chaines (queues) dans les centres commerciaux , dans les centres de santé et mêmes dans les salles de sports et les salons d'esthétique et de coiffure. Adieu les longues siestes du Vendredi soir, du Samedi soir et du Dimanche après-midi, passées à bailler aux corneilles gratuitement, car maintenant on est dans le dur, dans la réalité d'antan , il faut batailler pendant toute la semaine pour espérer remplir son caddy dans un super marché bondé ou pour effectuer la moindre démarche dans une administration tatillonne aux mains et entre les griffes d'humains coléreux et hystériques. Le calvaire et son purgatoire attenant est de mise également pour une place de parking ou un simple dépannage à domicile sans aucune garantie de résultat .

Au bout de quelques mois les citoyens complétement égarés sont au bord d'une crise de nerfs généralisée parce qu'au fond un premier sondage a dévoilé la vrai nature du citoyen lambda : il admet et reconnait qu'il est de nature fondamentalement amorphe, casanier, timoré, égo centrique, et de surcroit ne sait pratiquement rien faire avec ses deux mains estropiées , mise à part le travail et les taches pour lesquels il a été formé et formaté pendant de longues années aux frais de la Cité et grâce à son incommensurable générosité.

Les robots ont été complétement éradiqués et divine surprise ,l'angoisse est là ,partout en quelques semaines la violence gratuite s'installe dans les faubourgs de la Cité livrée à des gangs sans foi ni loi et bien sûr adieu pour longtemps à la quiétude enivrante des boulevards fleuris et celle des centres commerciaux illuminés ou celle des cabarets et des lupanars toujours bondés de clients toujours insatisfait. Les brigades d'humanoïdes sont complétement débordées parce que leur raison d'êtres et leurs programmes passe partout , ne répondent pas aux critères des situations complexes et explosives, qui d'ailleurs dégénèrent de plus en plus en bagarres rangées entre eux et une faune de bandes d'écervelées qui semblent avoir migrer de la lointaine terre .C'est à ce moment-là que le génie de IBM-S se réveilla et se révéla dans toute sa splendeur ,par une décision énergique qui a consisté à déployer rapidement dans la Cité des centaines de robots de la 5ème Génération, ceux-ci ont été fabriqué en secret par d'autres robots encore plus secrets gravitant dans la sphère du talentueux IBM-Spoutnik. La paix civile s'instaura comme par enchantement dans la Cité et des centaines de troubles fêtes et d'agitateurs professionnels vont subitement disparaitre de la scène publique et des trottoirs de la ville ,rayer à jamais des registres d'état civil, sans laisser de traces visibles ou d'héritiers contestataires .

Cette contestation larvée frappa l'esprit encombré IBM-Spoutnik, qui décida samedi soir ,sur les coups de minuit , de créer une commission ad hoc qui aura la tache de réfléchir rapidement sur les problèmes de existentielles de la Citée et accessoirement ses problèmes de gestion de la cellule familiale .Cette commission est composée d'une dizaine de citoyens triés sur le volet et également choisis au hasard , ainsi que d'un certain nombre d'humanoides ,de robots scribes et serveurs de boissons et enfin d'une étrange machine truffée de caméras et de rayons lasers hallucinogènes , qui dit-on rend compte directement au grand patron. Après trois jours et trois nuits de débats contradictoires et de pauses déjeuner sans fin ,les membres de la commission se mettent d'accord sur la proposition d'un humanoide équivoque mais très futé ,qui consiste en la mise en place d'un collège syndical élu à la majorité simple et lui confier sans aucune garantie ,le sort de la Citée et de ses habitants .Cette proposition saugrenue dans ces conditions de blocage capta néanmoins l'intérêt du grand patron qui convoqua immédiatement des élections générales et généralisées pour choisir des ministres ,des sénateurs ,des maires ,des syndics, des chefs de Police, des chefs de marchés, des chefs d'entreprises etc…etc…,Le lendemain tous les adultes majeurs et vaccinés de cette paisible métropole , sont dans les rues ,lourdement harnachés et se portant candidats ou candidates pour ces milliers de postes ,de fonctions ,mis en pature , grace à la pertinence des choix aveugles du bien aimé IBM-Spoutnik ,toujours bien sur, maitre du jeu. Après une semaine de trève électorale et des batailles rangées à coup de batons et de quolibets exotiques ,les électeurs qui ne sont pas candidats à quelque chose ,ont fait parler les urnes et des dizaines de citoyens ,parfois sans aucune qualification ni ambition , se sont retrouvés responsables de quelque chose dans cette cité, déjà bien controlée et bien gérée par des centaines de machines et de robots .D'ailleurs il ne faut pas se leurrer , ce sont les humanoides qui ont raflés les meilleurs postes et les meilleurs fonctions. Des humains se sont retrouvés chefs syndics d'une dizaines d'immeubles, tache hallucinante et non rémunérée ,d'autres se sont vus confié la responsabilité de gérer et de nettoyer des parkings souterrains ou de grandes surfaces connectées ,intelligentes totalement automatisées .Un autre exemple significatif ,un citoyen sans aucune qualification a été élu pour sa part , dans un poste de responsable de l'optimisation et de la bonne marche d'une surface d'un millier de panneaux solaires complétement autonomes , déjà sous la supervision et le contrôle d' une dizaine de robots. Pour faire bonne figure IBM –S autorisa et donna son feu vert pour la mise en place d'un gouvernement fantoche ,d'un premier ministre également fantoche et d'un Sénat composé en grande partie d'humanoides et de robots comme assesseurs .Cet édifice institutionnel construit à grands renforts de contrition ,de gémissements et de bannissements volontaires ,le grand patron de cette sympathique Citée va se consacrer à ses hobbies et à ses lubies secrètes :construire en secret d'autres machines et d'autres robots pour éradiquer complétement la race humaine des postes de responsabilités et ouvrir la voie à cette nouvelle race d'humains OGM ,qui va passer son temps à méditer gratuitement et à réfléchir sur son avenir et sur son sort ,sort depuis longtemps scellé par des algorithmes revanchards, qui ont la mémoire longue et la dent dure .

Seules les grandes causes arrivent à la fin

Des dizaines d'années se sont écoulées, on entame la première décade de la septième génération de colonisation, rien n'a changé au sein de la citée Terra I, mais on est divisé sur le sort de son architecte : IBM-S est-il présent ou non, vivant dans la Citée ou ailleurs, il se chuchote dans les clubs de réflexion qu'il est décédé depuis des années et que c'est sa descendance (04 enfants) qui a pris les commandes de la Citée. Comme aux premières années de la colonisation un rituel persiste toujours dans les mémoires chaque année, quand sont organisées à des dates précises des cérémonies de commémorations pour souligner l'attachement et la fidélité à la Cité ,à son mode de vie et son organisation spartiate .Depuis deux années de suite ,le nom de IBM-S n'est plus déclamé avec ferveur au cours des cérémonies habituelles et la foule n'est plus tenue à réclamer sa présence pour l'acclamer .Cette même foule qui en a fait un demi urge commence à l'oublier et même à le dénigrer et à critiquer son manque de compassion envers cette population qui ne demande qu'à le voir physiquement pour lui renouveler sa fidélité et son attachement aux idéaux de sa citée chérie.

La population de la Cité est régie et régulée à l'aide d'une série d'algorithmes complexes, très secrets dont la mise en exécution est soumise à un contrôle constant, régulièrement exercé par des humains, des humanoïdes et mêmes des robots. Un code personnel est attribué à chaque citoyen dès son dix-huitième anniversaire, cette carte d'identité citoyenne est un indélébile tatouage sur le front de chacun, qui vous interpelle à chaque instant de votre existence, code qui régira toute les étapes de la vie de tous les habitants de Terra II.

Au seuil de la soixantième génération les services centraux de santé de la Cité ont rendu public un rapport alarmant sur un sujet brulant et ont émis un constat sans équivoque et sans possibilité de discussion ou de débats. Ce rapport qui est resté confidentiel sur un sujet tabou et ce depuis des années :la population actuelle de la citée est complètement différentes physiquement, moralement et intellectuellement de celle des premières générations de colons. La morphologie du corps humain a par exemple , connu des mutations physiques étonnantes :les boites crâniennes se sont légèrement étirées ,les narines se sont aplaties et les nez se sont allongés, les tailles ont augmenté avec un physique plus souple surtout chez les femmes , la masse corporelle est inégalement répartie ,les chevelures moins denses et les calvities plus présentes chez de jeunes adultes ,les défenses naturelles des corps humains (anti corps) ont subi des mutations intrigantes ,pour le moins positives et parfois miraculeuses . Dans leurs échanges ,les citoyens s'interpellent pour n'importe quelle raison ,ils s'expriment maintenant d'une voix monocorde en zézayant ,en un idiome plus qu'un langage ,accentué par un claquement de langue des plus expressifs ,beaucoup de mots sont escamotés par des constructions paraboliques inachevées ,le geste est lent ,la voix est souvent caverneuse et les pupilles sont plus dilatées dans des yeux tout aussi grisâtres qu'inexpressifs .La gestuelle est élaborée les gens ont développé un langage des signes complexe et efficace. Les citoyens sont devenus amorphes, les discussions et les échanges entre les personnes tournent souvent autour des derniers jeux électroniques à la mode ou autour de personnalités célèbres ou célébrées à longueur de journées, par des spots publicitaires insipides, chantant la gloire incommensurable de IBM-Set et ses exploits illimités. Le citoyen modèle est généralement un père de famille qui ne discute pas beaucoup les règles établies, qui exécute à la lettre les consignes générales, qui participe régulièrement aux activités organisées par la Cité et qui respecte et aide en cas de besoin les autres citoyens. Le citoyen modèle participe également et régulièrement à l'enrichissement des débats en activant souvent son compte Dazibao ,à la grande joie de bureaucrates tapis dans l'ombre obscure de dédales sinueuses d'une administration tentaculaire et invisible à l'œil nu.

Quelques mois après la publication de ce rapport ,son contenu et son actualité ont été éclipsé par une autre nouvelle plus inquiétante, terrifiante , qui a circulé en catimini ,au sein de la communauté scientifique de la Cité mais qui n'a pas été cependant rendu publique .Terra I est en réalité une planète hostile qui est condamnée à une destruction effroyable et disparaitra, dans deux ou trois siècles ,car sa rotation autour de son étoile(soleil),se dégrade de plus en plus et ce dérèglement physique va finir par l'éjecter dans l'espace inter sidérale où la sympathique petite planète , effarouchée, complétement perdue , sera fatalement absorbée par des systèmes d'étoiles ou de planètes gigantesques ,voraces ,sans aucune pitié, qui n'en feront d'ailleurs qu'une simple bouchée. Mais cela est une autre histoire que les habitants de Terra I auront à ré -écrire, en sueur et en sang, pour refaire le chemin contraire et espérer revenir vers la terre –mère, après avoir parcouru des centaines de milliers de kilomètres pour que les plus chanceux ,les plus combatifs ou les plus inspirés ,auront l'occasion de passer le témoin à leurs arrières ,arrières petits enfants qui peut être auront là l'insigne honneur de fouler enfin ,le sol de la terre natale de leurs lointains ancêtres.

Mais cela est également une autre histoire à dormir debout, qui a cependant trotté dans le cerveau encombré de IBM-S (s'il est encore de ce monde) et qu'il convient bien sûr d'écrire et ensuite de relater pour meubler les soirées solitaires des futures générations de cette merveilleuse Cité

Bien joué camarade de chambrée

Hélas le cour implacable du temps imparti et sa roue libre n'ont pas de répit ou de raccourci à prendre ni de pause ni de compassion pour les beaux yeux de qui que ce soit et c'est ainsi que dès les premières années de la soixante dixième génération en cette noble terre Terra I, un personnage des plus bizarre commença à se manifester bruyamment dans la Cité par la diffusion de spots sauvages et de menaces anonymes ,alimentées par une haine viscérale de l'autre et une facheuse tendance à un masochisme débridé. Il s'agit sans doute, croie –t-on le savoir du mode d'expression d'un de ces nombreux avatars cachés de IBM S ,qui d'ailleurs pour la postérité et pour le plaisir se fait appeler IBM Van et qui vient dit-on revendiquer sa part de gateau et son héritage perdu ou dissipé? Peu de citoyens ont cru au début à cette visite intempestive et inopportune, mais petit à petit ils déchantèrent ,car le nouveau venu s'est avéré etre un clone tenace, l'un des cent vingt et un(121) probables héritiers de ce père renégat jamais repenti .En réalité IBM Van est sorti de nulle part et sans crier gare , propulsé héritier de l'arrière ban, il s'est installé sans vergogne dans les lieux réservés aux visiteurs du soir au milieu d' une aile désaffectée du palais , là où se trament habituellement tous les complots de veuves éplorées et les coups tordus de la noblesse désargentée ,signe des temps passés , ces pratiques sont courantes et tolérés ,dans l'enceinte de cette merveilleuse Cité. IBM Van est aux anges, surexcité , puisque il a brandi en ricanant , une liasse de documents estampillés agrémentés de paraphes équivoques , sous tendu d'une chaleureuse tape sur le dos d'un citoyen peu convaincu , il s'est proclamé ,par devant un juge des peines non exécutées , seul et unique vrai fils caché de son père d'autant plus qu'il en tenait des choses de son probable géniteur : la meme verve maléfique, et le meme attrait suicidaire pour les boissons fermentés et bien sur les memes méthodes de gouvernance pour faire disparaitre tous les autres prétendants au Trone, en les comblant de cadeaux et de bijoux pour ensuite les enfermer pour le plaisir , dans des Centres de Rééducation confortables et ce jusqu'à épuisement total et, enfin ultime vengeance usuelle , les lester ,en pleurant avec eux ,de chaines rouillées , puis comme de coutume les livrer à une foule aveugle qui va les regarder mourir ,crucifiés sur ces palmes d'éoliennes désaffectées, et ce jusqu'à ce que folie s'ensuive. Bien sur IBM Van ne va pas s'attarder comme il se doit à ces détails saugrenus du domaine de la logistique de robot, mais va foncer en trombe sur les extensions banlieusardes de la Cité où des bureaux d'étude et d'architecture somnolent sur des tas de gravas irradiés ,pour passer commande , illico presto ,de dizaines de tours et de grattes ciels, en sollicitant humblement la collaboration de ténébreux francs maçons, qui pour l'occasion se sont associés à une ribambelle de retraités des Domaines Communaux , qui n'ont à leur actif aucun acte gratuit ou esquisse de plan ,et ce depuis le dernier déluge répertorié .Nonobstant ces détails de procédure somme peu réjouissants , les projets commandés par le Big Boss sont devenus une amère réalité qui va mettre en exergue la procrastination atavique de milliers de citoyens malades infectés , en phase finale ou déjà décédés , portés volontairement contre leur gré , sur des listes de futurs acquéreurs d'appartements , cédés à des prix prohibitifs mais malheureusement affectés auparavant, par des tirages au sort aléatoires à des locataires en rupture de ban dans des cages d'escaliers ,à l'exemple de ces poètes SDF , impénitents aventuriers du samedi soir ou à ces indus occupants toujours sur le carreau.

L'adieu aux armes, sans larmes ni regrets

Pour sa part IBM Van est occupé ces dernier jours, à bichonner le soi disant magique et mystérieux Trone du Pouvoir, qui est en réalité , une création virtuelle d'un esprit malade : baldaquin serti à profusion d'or ,d'argent et de pierrailles précieuses ou notre héros va s'arec – bouter dangereusement et se placer à califourchon sur le dos de ce siège , fauteuil imaginaire , suranné, fabriqué par un bouffon ridicule ,sans aucune référence reconnue. En su de cette attrayante et périlleuse occupation ,IBM Van s'est engagé à fond sur un projet foldingue de construction d'un vaisseau spatial destiné à voguer vers le futur antérieur des souvenirs oubliées et également destiné à traquer dans le passé composé toutes ces antiques civilisations , égarées dans les miasmes du moyen age ou perdues dans les méandres du cosmos . Cette relique du futur ,sera le joyau d'une flotte gigantesque de vaisseaux hypersoniques et de fusées capables de quitter la Cité pour une petite éternité , sans possibilité de retour en arrière , ni d'opportunité pour espérer revenir en entier , mais probablement pas sain ni de corps, ni d'esprit. Ce projet ultra secret a été confié, en catimini sans appel d'offre public , à une équipe d'ingénieurs farfelus ,sans aucune scrupule ni pitié et sans ambition avérée, qualités requises , pour concevoir ce moyen de transport destiné à voyager gratuitement à la bonne aventure et au gré des vents solaires vers la terre mère pour en ramener quelques spécimens de babouins tachetés et aussi quelques exemplaires de ces fameux primates de l'age de pierre , qui ont survécus , en raison d' un faux calcul rénal , aux cataclysmes des fins du monde et par la meme occasion , embrigader de force quelques spécimens rares d'humains, issus d'une colonie de rescapés , épaves de misérables hères ,oubliés du temps ,logés gratuitement dans les entrailles de la terre ,depuis le dernier recensement décennal, attendant sans peur et sans remord , la fin des hostilités déclenchées, par cette maudite pandémie , venue de nulle part .

En attendant le départ et le retour équivoque de cette expédition hasardeuse ,qui fait d'ailleurs en ville ,l'objet de débats mortifères ,de paris hallucinants et de concours populaires tout aussi ringards que stupides ,les plus avertis de l'élite de cette Cité sont plongés depuis des lustres dans une méditation euphorique ,destinée à se positionner et à trancher une question primordiale relative à l'identité réelle de IBM Van, et également braquer les projecteurs sur ces débats existentiels qui n'arrivent pas à éclairer le peuple sur le mystère insondable du nombre de ses épouses ,de ses concubines ,de ses enfants et enfin de ses animaux de compagnie .Pour ce qui est de son identité beaucoup de spéculations et peu d'arguments convaincants mais l'on s'accorde à penser qu'il est plus humanoide qu'humain ou animal, mais la question qui se pose dans ce cas : où est la part de la machine et ou commence l'humain et ou se cache l'animal dans cet horrible tas de poils et de muscles surdimensionnés ? .Autre question subsidiaire ,qui taraude aussi l'esprit des collégiens et des minettes d'un jour :est –il d'ici ou d'ailleurs ?Ce sont autant d'interrogations sans fin et sans réponse qui occupent les soirées gaillardes de ces citoyens en mal d'aventures et d'ouverture d'esprit sur les autres créatures de l'univers .En second lieu

,le mystère qui plane en partie sur le nombre de ses épouses officielles et tolérées et leur éventuel statut actuellement, à cause d'un amendement suspendu ,dans un projet de Constitution jamais votée ni adoptée ni paraphée par qui que ce soit .Ce dilemme cornélien , est aussi source d'inquiétude dans les chaumières et les appartements et suites cossus des hotels de la Citée où des dizaines de pères fouettards s'ennuient à mort et veulent se venger en mariant de force leurs brus, alors que pendant ce temps des tribunaux d'exception, croulent sous des centaines de demandes de divorces accélérées, procédure légale mais qui inquiète au plus haut point la Chancellerie et l'Administration chargée du controle et de l'observation des naissances enregistrées, hors circuit clandestin. Tertio, pour ce qui est de la progéniture de ce roi sans couronne ,c'est clair et il n'y a pas de problème et de doute car plus de la moitié de la population de la Cité affirme et confirme son intime affiliation à la cuisse de Jupiter ,ce qui revient à dire en langage ado et à admettre que cette Cité est une vaste basse cour ouverte à tous les vents et peuplée de célibataires endurcis et d'orphelins, réfugiés climatiques en voie de régularisation En ce qui concerne la dernière question subsidiaire ,le frère du Majordome de la première épouse de l'intéressé fourni ,un témoignage capital et catégorique, IBM Van est un personnage retors ,complexe ,bon musicien dans la bohème ,vivant hors sol, tyrannique, doué d'une intelligence sans retenue , misogyne ,hypocondriaque et mégalo sceptique donc c'est un frileux de nature qui n'aime pas les élans de camaraderie spontanée et par voie de fait, il abhorre tous les bipèdes ,les quadrupèdes ,les objets volants etc…etc…et particulièrement les pies voleuses et les vers à soie, en vente dans les marchés clandestins de la Citée .

Des années de dur labeur se sont écoulées pour les habitants de cette merveilleuse Citée où des scientifiques de renom et également anonymes bien callés sur leurs jambes d'acier ,ont planchés de longs jours et de longues nuits ,sur la disparition de IBM Van .Il n'a pas donné signe de vie depuis son soixantième anniversaire, d'ailleurs célébré en grande pompe par tous les robots et les machines de la ville, en l'absence de toute trace humaine .La Citée est devenue une immense machine ,bien rodée, qui se suffit à elle-même en fabriquant les carburants nécessaires à son fonctionnement :hydrogène, oxygène et azote et autres ,qui sont stockés dans les immenses tours ,jadis occupées par des humains ,race qui n'existe qu'à travers une immense statue, juchée sur le toit de la ville et qui se consume à tourner dans le vide et à lancer dans l'espace des signaux pathétiques , d'un autre temps ,d'une autre civilisation ,d'un autre monde :bip. .bip. bip. bip …

SOMMAIRE

Printed by Books on Demand GmbH, Norderstedt / Germany